IBRASA

LIVROS QUE CONSTROEM

Coleção "GNOSE" – 20

Volumes publicados:

1.	*As Grandes Religiões*	Félicien Challaye
2.	*As Sociedades Secretas*	Herman e Georg Schreiber
3.	*Fenômenos Ocultos*	Zsolt Aradi
4.	*O Poder da Meditação Transcendental*	Anthony Norvell
5.	*O Poder das Forças Ocultas*	Anthony Norvell
6.	*A Bíblia Estava Certa*	H. J. Schonfeld
7.	*O Ensino dos Mahatmas (Teosofia)*	Alberto Lyra
8.	*Mistérios Cósmicos do Universo*	Adrian Clark
9.	*A Evolução Divina: da Esfinge ao Cristo*	Édouard Schuré
10.	*Raízes do Oculto*	Henry S. Olcott
11.	*O Budismo do Buda*	Alexandra David-Neel
12.	*Diálogos de Confúcio*	
13.	*A Sugestão Mental*	J. Ochorowicz
14.	*A Magia e o Diabo no Século XX*	Alberto Lyra
15.	*Catecismo Budista*	Henry S. Olcott
16.	*Além da Razão*	Jean Lerède
17.	*Os Grandes Iniciados*	Édouard Schuré
18.	*A Arca da Aliança*	Michel Coquet
19.	*Os Caminhos do Graal*	Patrick Rivière

OS MISTÉRIOS DA ROSA-CRUZ

Dados de Catalogação na Publicação (CIP) Internacional
(Câmara Brasileira do Livro, SP, Brasil)

M14m McIntosh, Christopher.
Os mistérios da Rosa-Cruz : história, mitologia e rituais de uma ordem oculta / Christopher McIntosh ; prefácio de Colin Wilson ; tradução de Aydano Arruda. -- São Paulo : IBRASA, 1987.
(Coleção gnose ; 20)

Bibliografia.

1. Rosacrucianismo I. Título. II. Série.

87-1128 CDD-135.43

Índices para catálogo sistemático:

1. Ordem da Rosa-Cruz : Ciências ocultas 135.43
2. Rosacrucianismo : Ciências ocultas 135.43
3. Rosa-Cruz : Ordem : Ciências ocultas 135.43

Christopher McIntosh

OS MISTÉRIOS DA ROSA-CRUZ

História, Mitologia e Rituais de uma Ordem Oculta

Prefácio de
Colin Wilson

Tradução de
Aydano Arruda

IBRASA
INSTITUIÇÃO BRASILEIRA DE DIFUSÃO CULTURAL LTDA.
SÃO PAULO

Título do original inglês:
THE ROSY CROSS UNVEILED
The History, Mythology and Rituals
of an Occult Order

Ilustração de capa:
ROSA RUBEA

Tratado de Georges Aurach

Montagem de
CARLOS CÉZAR

Produção editorial de
SÔNIA MARIA DE AMORIM

Publicado em 2010

IBRASA
INSTITUIÇÃO BRASILEIRA DE DIFUSÃO CULTURAL LTDA.
Rua. Treze de Maio, 446 - Bela Vista
01327-000 - São Paulo - SP

IMPRESSO NO BRASIL – PRINTED IN BRAZIL

Venerável Fraternidade tão sagrada e tão pouco conhecida, de cujos arquivos secretos e preciosos foram tirados os materiais para esta história; vós, que conservastes, de século para século, tudo aquilo que o tempo poupou da augusta e venerável ciência... Muitos se disseram de vosso grupo; muitos pretendentes espúrios foram assim chamados pela erudita ignorância que, ainda, desorientada e perplexa, é levada a confessar que nada sabe sobre vossa origem, vossas cerimônias ou doutrinas, nem mesmo se ainda tendes habitação local na terra.

Edward Bulwer-Lytton, *Zanoni*.

Sumário

Lista de ilustrações

Entre as páginas 80 e 81

Prefácio

Em 1895, W. B. Yeats escreveu um ensaio intitulado "O corpo do Padre Christian Rosencrux", que começa descrevendo como o fundador do Rosacrucianismo foi depositado em uma nobre tumba, cercado por lâmpadas inextinguíveis, onde permaneceu durante numerosas gerações, até ser descoberto casualmente por estudantes da mesma ordem mágica. Tendo dito isso, Yeats passa a proclamar que "os antigos e os elisabetanos entregaram-se à imaginação como uma mulher se entrega ao amor e criaram seres que fizeram as pessoas deste mundo não parecerem mais que sombras..."

De modo geral, a imagem de Christian Rosencrux parece irrelevante até chegarmos a esta sentença: "Não consigo tirar da idéia que esta era de crítica está para passar e uma era de imaginação, de emoção, de disposições de ânimo, de revelação está para vir em seu lugar; pois certamente a crença em um mundo supersensual está próxima..." Nesta sentença, Yeats demonstrou sua profunda compreensão do fenômeno rosacrucianista. É *disto* realmente que se trata; *essa* é a verdadeira explicação daquela extraordinária mistificação cujas conseqüências continuaram a reverberar durante três séculos e meio.

A "mistificação" começou – como Christopher McIntosh descreve nestas páginas – com a publicação, em 1614, de um panfleto intitulado *Fama Fraternitatis da Meritória Ordem da Rosa-Cruz*, pretendendo descrever a vida do mágico-místico Christian Rosenkreuz, que viveu até a idade de 106 anos e cujo corpo foi cuidadosamente oculto em uma tumba misteriosa durante os 120 anos seguintes. O autor do presente livro traduz "Fama" por "declaração", mas meu dicionário de latim define a palavra como "conversa comum... notícia, rumor, ditado, tradição". Assim, não seria injusto traduzir "fama" por mito ou lenda.

Em todo caso, esse misterioso panfleto (que pode ser encontrado impresso na íntegra como apêndice de *The Rosicrucian Enlightenment*, de Frances Yates) convida todos os interessados a aderirem à Fraternidade, dizendo que a pessoa não precisará fazer mais do que tornar seu interesse conhecido – verbalmente ou por escrito – e a Fraternidade ficará sabendo e provavelmente estabelecerá contato com ela. Isto por si só é, naturalmente, uma sugestão de que a Fraternidade tem poderes mágicos – talvez uma bola de cristal lhe permita "sintonizar-se" com qualquer pessoa que esteja genuinamente interessada.

Seguiram-se mais duas obras – conforme relata o sr. McIntosh – e muitas pessoas deram-se ao trabalho de publicar respostas, indicando seu desejo de aderir. Ninguém, pelo que sabemos, recebeu notícia da Fraternidade. Contudo, a própria idéia de sua existência causou tremenda excitação. Isso era o que todo o mundo estava esperando – uma espécie de profecia da Segunda Vinda. "Sabemos que depois de algum tempo haverá agora uma reforma geral, tanto das coisas divinas quanto das humanas, de acordo com nosso desejo..." "A terra do desejo do coração" ia se tornar realidade.

Christopher McIntosh sugere, muito plausivelmente, penso eu, que os primeiros dois panfletos foram provavelmente esforço conjunto de um grupo de filósofos idealistas de Tübingen, talvez inspirado por um "romance" anterior de um de seus membros, Johann Valentin Andreae, *Casamento Químico*, publicado como terceiro documento "rosacrucianista" em 1616. Tudo o que levanta esta interessante questão: Por que eles desejavam pedir voluntários e recrutas, se não tinham a intenção de responder? Se *eram* idealistas, qual seria a meta final de todo o exercício?

Creio que o principal indício para a resposta está em uma frase do testamento de Andreae, feito em 1634, aos quarenta e oito anos de idade. Escreve ele: "Embora eu deixe agora a Fraternidade propriamente dita, nunca deixarei a verdadeira Fraternidade Cristã, que, abaixo da Cruz, tem o perfume da rosa e está muito distante da sujeira deste século". "A sujeira deste século", "este século sujo..." – a frase poderia ter sido usada por W. B. Yeats, se sua linguagem tivesse sido um pouco mais enfática. Em sua autobiografia, Yeats diz que Ruskin observou certa vez a seu pai que, quando fazia sua caminhada diária até o Museu Britânico, via os rostos à sua volta tornarem-se cada vez mais corruptos. Não é verdade, naturalmente: as pessoas não mudam tanto – ou tão depressa. Mas expressa a fome de um homem que sente estar vivendo em uma era na qual ninguém realmente se interessa pelas coisas que importam. Eliot expressou o mesmo sentimento em *The Waste Land* e *The Hollow Men*. A invenção de Christian Rosenkreuz não e tanto uma mistificação quanto um grito de rejeição e um pedido de novos caminhos: em suma, uma espécie de profecia.

Agora vale a pena notar que houve aparentemente duas espécies de lenda que parecem ter exercido grande fascínio sobre a mente de homens. A primeira envolve maldade e horror – Fausto, Frankenstein, Drácula, Sweeney Todd e mesmo Jack, o Estripador. A segunda envolve não tanto bondade quanto grandeza, super-humanidade, o que pode ser encontrado nas lendas de Hermes Trismegistos, Rei Artur, Parsifal, Merlin, bem como nas modernas histórias em quadrinhos do Super-homem e Batman. Em *Hellas*, Shelley usou a figura de um velho judeu – o Judeu Errante da Bíblia – que vive "em uma caverna marinha no meio de Demônios" e que é um mestre de toda a sabedoria; e Yeats observou mais tarde que ingressou na Sociedade Teosófica porque queria acreditar na real existência do Velho Judeu "ou seu igual".

Isso porque, naturalmente, ambas as "organizações mágicas" a que Yeats pertenceu – a Sociedade Teosófica e a Aurora Dourada – tiraram uma página do livro do Pastor Andreae e puseram-se a construir sua organização sobre um mito propagado como realidade. Madame Blavatsky afirma estar em comunicação com Mestres Secretos no Tibete. E a história por trás da Aurora Dourada era pelo menos tão circunstancial quanto o relato da vida de Rosenkreuz. Em 1885, de acordo com essa história, um clérigo chamado Woodford estava folheando os livros de uma banca de publicações usadas em Farrington Road, quando encontrou um manuscrito escrito em código. Um seu amigo, Dr. William Wynn Westcott, identificou o código, como um tipo inventado por um alquimista do século XV, Trithemius. O manuscrito continha cinco rituais mágicos para introdução de noviços em uma sociedade secreta. Nele havia também uma carta, na qual se declarava que quem estivesse interessado nos rituais devia entrar em contato com uma certa Fraülein Sprengel, em Stuttgart. Foi Fraülein Sprengel, representante de uma ordem mágica alemã, quem deu permissão a Westcott para fundar a Aurora Dourada.

O manuscrito cifrado pode ter realmente existido (embora não tenha sido encontrado em uma banca de livros em Farrington Road); a carta a respeito de Fraülein Sprengel certamente não existiu, nem aquela senhora existiu. Contudo, a história produziu seu efeito e a Aurora Dourada tornou-se uma das mais impressionantes organizações mágicas de fins do século XIX. E – como relata o Sr. McIntosh – a lenda de Christian Rosenkreuz desempenhou papel central em seus processos mágicos.

Algumas décadas atrás, a Aurora Dourada gozava de muito pouca estima entre os eruditos literários que dela tinham conhecimento. Lembro-me de haver freqüentado aulas noturnas sobre Yeats logo depois da guerra e ouvir nosso professor, Philip Collins, observar que esperava achar os comentários de Yeats sobre magia e ocultismo completamente absurdos, tendo ficado surpreendido ao descobrir que tinham um tranqüilizador tom de bom senso. Ao mesmo tempo, considerava absolutamente certo que a Aurora Dourada era uma sociedade criada por charlatães e apoiada pelos crédulos. Atrevo-me a dizer que a maioria dos professores de literatura moderna ainda tem a mesma opinião. Existem agora, porém, muitos estudiosos do "paranormal" dispostos a reconhecer que, de alguma maneira estranha, "magia" pode produzir efeitos extraordinários. Quem quer que duvide disso deve ler o ensaio de Yeats sobre magia (em *Ideas of Good and Evil*), no qual ele descreve com detalhes uma operação mágica realizada por MacGregor Mathers (outro fundador da Aurora Dourada) e sua esposa, quando Mathers foi capaz de assumir o controle da imaginação de Yeats e provocar curiosas visões.

É importante reconhecer que "magia" geralmente envolve o controle de estados mentais mais do que efeitos físicos sobre matéria – feiticeiras voando em cabos de vassoura etc. –, embora efeitos físicos *possam* ser produzidos. Todos os efeitos mentais têm seu ponto de partida em telepatia, enquanto os físicos podem ser considerados como "efeitos de poltergeist" deliberadamente provocados, nos quais objetos são movidos por algum curioso poder da mente inconsciente. (Eu acredito cada vez mais que a metade direita do cérebro está envolvida e que a energia efetiva usada é a mesma que faz a vara hidroscópica virar na mão do mágico que procura água – provavelmente alguma forma de magnetismo da terra que pode ser canalizado pelo hemisfério cerebral direito.) Parece perfeitamente claro que Mathers aprendera o truque de controlar essas energias geralmente não reconhecidas.

Concordo em que parece, à primeira vista, haver pouca relação entre este conceito de "magia" e a história do Rosacrucianismo, como é explicada nas páginas seguintes por Christopher McIntosh. Todavia, durante a leitura deste livro, cheguei a achar cada vez mais forte a ligação, que se tornou cristalina quando li o relato do autor sobre Heráclito de Éfeso (no Capítulo 1), que acreditava que o universo morre como um organismo vivo e deixa para trás uma semente da qual se origina um novo universo. No cosmo tudo deriva de uma substância básica, uma espécie de fogo, e tudo se move em um processo cíclico.

Pouco antes de ler isso, eu escrevera o esboço de um livro sobre astronomia e relatara a Teoria da Grande Explosão do universo. Heráclito descreveu isso com certa precisão. De acordo com a Teoria da Grande Explosão – em favor da qual as provas são agora esmagadoras – o universo *começou* (cerca de dez bilhões de anos atrás) como fogo puro indiferenciado, cujos elementos se cristalizaram mais tarde. Continuará a expandir-se ainda por alguns bilhões de anos, até sua própria gravidade fazê-lo sucumbir de novo. Oportunamente tornar-se-á uma massa de matéria concentrada, cujo tamanho será muito maior do que a "massa crítica" necessária para criar um Buraco Negro. Todavia, de acordo com a teoria mais recente, um Buraco Negro não continua sucumbindo indefinidamente, mas explodirá oportunamente mais uma vez. Se isso é correto, o esquema de Heráclito seria fantasticamente preciso. De fato, a única coisa que ele deixou de apreender é que a nova "semente" seria menor do que a anterior, porque muita energia se perderia irrecuperavelmente em todo o processo.

O leitor talvez diga que Heráclito estava apenas dando um "palpite informado" a respeito do universo. Mas quando um palpite chega assim tão perto da verdade, pessoalmente começo a perguntar se não poderia ter algo mais do que adivinhação. Isto é, se existe algum *outro* meio de conhecer o universo, direta e intuitivamente. Místicos sempre disseram isso e em seu notável *Drug Taker's Notes*, R. H. Ward fala sobre uma "experiência mística" que teve sob anestesia odontológica. Diz ele que depois das primeiras inalações passou "diretamente para um estado de consciência já muito mais completo que o grau pleno de consciência desperta comum" e repete esse ponto várias vezes, falando que "a consciência *diminui* novamente para consciência comum" e que "a escuridão de que nos vangloriamos é consciência fechada sobre mim" (isto é, como se ele estivesse despertando mais uma vez).

Mais interessante ainda, porém, é sua descrição da passagem pelo que ele chama "região de idéias", onde a visão interior era mais intelectual do que emocional. E acrescenta: "Não se sabe apenas uma coisa aqui e outra coisa acolá... sabe-se tudo quanto há para saber". Robert Graves descreveu experiência mística semelhante em uma história intitulada *The Abominable Mr. Gunn* (que ele me disse ser autobiográfica) e ali também torna-se claro que o sentimento de "saber tudo" é considerado em sentido literal, como se nós tivéssemos alguma estranha faculdade que pudesse estender-se para fora e adquirir qualquer conhecimento à vontade.

Se existe alguma coisa nessa teoria, talvez *haja* uma tradição de conhecimento que precede o desenvolvimento de consciência intelectual moderna. Isso explicaria por que o homem neolítico se deu ao trabalho de construir vastos computadores de pedra – como Stonehenge – mais de dois séculos antes que os caldeus, aos quais se atribui o mérito de terem sido os primeiros astrônomos, começassem a estudar o céu.

Em todo caso, parece claro que as doutrinas de Christopher Rosenkreuz basearam-se naquelas dos gnósticos e na noção que Christopher McIntosh expressou tão admiravelmente na analogia do homem que está "sob a água", tendo a região de conhecimento e visão interior acima da superfície. T. S. Eliot disse a mesma coisa em um coro de *The Rock:*

Our gaze is submarine; our eyes look upward
And see the light that fractures through the unquiet
water...

Assim, fundamentalmente, não estamos falando sobre uma mistificação ou mesmo sobre "racionalização de desejo", mas sobre o problema mais profundo da raça humana. Novamente, Ward chega quase a pôr o dedo em cima quando diz que uma parte dele detestava sua mãe por "fazer-me viver duas vidas" – a vida natural e instintiva de uma criança e a vida superposta e artificial do "mundo". Prossegue dizendo que, sob a ação de LSD, pareceu-lhe que todas as crianças são arruinadas por adultos, por serem condicionadas a viver a vida deste mundo, de modo que vivem duas vidas, uma secretamente e outra para aprovação dos adultos. Mas, então, *ruína* não é inevitável. Por exemplo, todos os meus livros, a partir de *The Outsider*, foram precisamente sobre este assunto: a rejeição "do mundo" pelo "exilado", seu desejo de voltar-se para dentro, para um mundo de verdade que ele sente residir em suas próprias profundezas. O próprio Ward observa que se surpreendeu por não ser mais perverso ou mais louco do que é, considerando-se sua criação. De fato, a maioria de nós sobrevive porque aquela fome interior é muito intensa.

Ora, *isto*, creio eu, explica por que o Rosacrucianismo continuou a exercer seu domínio sobre a mente ocidental. Não é porque sejamos desesperadamente crédulos ou porque gostemos de acreditar em fantasias absurdas. Em uma lenda como a de Christian Rosenkreuz, parecemos ter um vislumbre do que *deveria* ser e do que *poderia* ser. Se nos esforçarmos com suficiente determinação, o domínio do "mundo" poderá ser rompido – ou, pelo menos, enfraquecido até deixar de causar constante sentimento de alienação. O homem é um planeta de uma estrela dupla; debate-se entre duas poderosas forças gravitacionais e precisa aprender a mover-se para dentro, sem perder seu controle do mundo exterior e não, como Rimbaud, simplesmente entregando-se a um "desarranjo ordenado dos sentidos".

Não estou, naturalmente, negando que grande parte do atual interesse por ocultismo tem suas raízes em "escapismo" da espécie mais ordinária, mas ainda acredito que é o conteúdo "real" do ocultismo que atrai mentes poderosas.

O autor deste livro impressiona-me como interessante ilustração desta proposição. Basta apenas correr os olhos por seu livro para ver que ele tem uma mente treinada trabalhando dentro da tradição acadêmica. Seu primeiro livro, *The Astrologers and their Creed* (1969), é basicamente um brilhante trabalho de pesquisa sobre a história da astrologia. No último capítulo, "O veredicto sobre astrologia", ele admite que a astrologia não pode ser defendida cientificamente, mas prossegue citando as pesquisas dos Gauquelins com estatísticas reais a respeito de pessoas nascidas sob Marte, Saturno, Júpiter etc., para mostrar que *parece* haver agora uma base científica sólida para acreditar que o temperamento humano é influenciado pelos planetas. Poder-se-ia dizer que o livro é cético até as duas últimas páginas.

Sua obra seguinte, *Eliphas Lévi and the French Occult Revival*, é também, muito simplesmente, um excelente trabalho de pesquisa biográfica – o único livro em inglês sobre esse importante "mágico". Em ponto nenhum ele parece dar muito crédito às alegações mágicas de Levi. Interessa-se por Levi como uma personalidade e um pensador, mas não realmente como um mágico.

Antes de escrever este prefácio, perguntei a ele como se interessou pelos rosacrucianistas. Sua resposta foi imensamente interessante. Menciona ele que se interessou por assuntos "ocultos" desde quando era estudante em Oxford, no início da década de 1960. Encontrou muitas referências aos rosacrucianistas, mas o enorme e empolado volume de A. E. Waite deixou-o confuso. (Tentei ler alguns capítulos do livro de Waite antes de iniciar esta introdução e desisti aborrecido; a prosa de Waite é absolutamente impossível.) Todavia, como sempre gostara de escrever coisas que lhe davam oportunidade de realizar trabalho de detetive – especialmente quando envolvia leitura em francês e alemão –, ele se dispôs a estudar as fontes originais. O livro foi iniciado em 1972, ano em que foi publicado *Lévi*. Mas, enquanto o escrevia, sua atitude em relação ao assunto mudou. "Quando o comecei, estava passando por uma fase de objetividade seca e erudita em minha atitude a respeito de tais assuntos e pretendia examinar o Rosacrucianismo simplesmente como um fenômeno histórico curioso, sem esperar realmente descobrir que ele continha um ensinamento de verdadeira profundidade ou coerência. De lá para cá, não apenas minha atitude mudou – eu me tornei muito mais pró-ocultismo –, mas também descobri durante minhas pesquisas que o Rosacrucianismo aprofunda-se muito mais do que eu percebia e contém algo valioso e coerente. Assim, pode-se dizer que este livro foi uma importante experiência em minha vida. Ensinou-me que, mais cedo ou mais tarde, quem quer que estude esses assuntos de um ponto de vista acadêmico precisa decidir se vai assumir uma posição pessoal a favor ou contra. Fugir dessa decisão e tentar permanecer neutro é morte para mim."

O autor prossegue desculpando-se por não ter transmitido suficientemente esse sentimento da verdadeira significação interior do Rosacrucianismo. Mas, tendo lido pela segunda vez seu original datilografado, posso tranqüilizá-lo. Li também a maior parte dos textos importantes sobre o assunto, de modo que estou em condições de assegurar-lhe que o seu é, por grande margem, o melhor. Sendo também uma história interessante e excitante, deve pelo menos assegurar para o misterioso Rosenkreuz o interesse que ele merece.

COLIN WILSON

Introdução

Meio século antes de ser usado o termo "Rosacrucianista", o astrólogo e adivinho provençal do século XVI, Nostradamus, escreveu:

Uma nova seita de filósofos surgirá,
Desprezando morte, ouro, honras e riquezas,
Eles estarão perto das montanhas da Alemanha
E terão muitos outros a apoiá-los e segui-los.[1]

Nesta quadra, escrita em 1555, Nostradamus parece ter feito uma predição impressionantemente exata da fraternidade rosacrucianista como é descrita por seus seguidores. Surgindo na Alemanha, no começo do século XVII, essa "nova seita de filósofos " absteve-se de satisfações humanas em favor de satisfações espirituais e, segundo dizem, venceu a morte por meio do elixir da vida. Como prediz a última linha da quadra, o Rosacrucianismo conquistou numerosos adeptos e com o tempo difundiu-se por todo o mundo, onde ainda são hoje encontradas numerosas de suas ramificações.

A palavra "Rosacrucianista" consta de nosso vocabulário há muito tempo. Contudo, raras palavras foram usadas com sentidos tão diferentes e de maneira tão confusa. Rosacrucianismo é às vezes mencionado como sinônimo de um ou outro dos grupos ocultistas do século XX; às vezes é invocado como um termo vago e abrangente para tudo que tem relação com alquimia e estudos herméticos; às vezes é citado como se fosse uma doutrina específica, à maneira do marxismo e catolicismo. Para chegar a uma definição mais clara, precisamos recuar um pouco e olhar para o movimento em uma perspectiva mais ampla.

O complexo de idéias conhecido como Rosacrucianismo pode ser encarado como um organismo mal entrelaçado, agrupado em torno de uma mitologia central cujo principal símbolo é a imagem extremamente simples, mas maravilhosamente sugestiva, de uma rosa ligada a uma cruz. Este organismo apareceu pela primeira vez na Alemanha em circunstâncias misteriosas e a Alemanha continuou sendo o mais importante centro de seu desenvolvimento durante cerca de dois séculos. Por isso, grande parte deste estudo terá relação com material alemão.

A mitologia rosacrucianista nasceu como nenhuma outra. Foi, por assim dizer, deliberadamente "lançada" com grande impulso em seu estranho curso através da história. Senti-me intrigado pelo fenômeno rosacrucianista em parte por causa de sua qualidade única e em parte porque suas origens nunca foram satisfatoriamente explicadas. Eu o encarava como um simples mistério policial, no qual o problema consistia em descobrir quem havia criado a lenda rosacrucianista e por quê; e, depois de fazê-lo, traçar o desenvolvimento subseqüente. Mas, à medida que progredi no seu estudo, minha abordagem sofreu uma mudança.

Originariamente eu pensava no movimento rosacrucianista como uma vaga mistura de idéias, ligada a uma lenda extremamente nebulosa, contendo muito pouca profundidade de ensinamento ou tradição e aflorando à superfície de maneira desconexa em várias épocas da história. Durante minha pesquisa, porém, os indícios que descobri obrigaram-me a revisar essa opinião e levaram-me a duas conclusões inesperadas. Primeiro, que o movimento tinha em seus estágios iniciais uma história muito mais contínua do que eu supunha; segundo, que havia desenvolvido um ensinamento coerente, representando um renascimento tardio interessantíssimo de um modo de pensar gnóstico. Com "gnóstico" quero dizer, em essência, a opinião de que o espírito do Homem está preso, por assim dizer, sob a água, onde vive uma espécie de meia-vida, ignorando que existem acima a luz do sol e o ar do verdadeiro espírito. Se conhecimento (*gnosis*) puder torná-lo cônscio disso, ele fará o esforço para subir nadando e se reunir a seu verdadeiro elemento. Explicarei mais demoradamente esta doutrina e seu desenvolvimento em meus primeiros capítulos e, em seguida, mostrarei como ele afetou o Rosacrucianismo. A atitude gnóstica em relação à sexualidade foi, particularmente, um tema recorrente no Rosacrucianismo e em certos estágios manifestou-se no uso de sexo para propósitos mágicos e místicos. De maneira curiosa, é como se o elemento sexual fosse um ingrediente embutido que tendeu, embora não invariavelmente, a reafirmar-se onde as idéias rosacrucianistas eram adotadas.

Além dos aspectos gnósticos, o movimento rosacrucianista deve ser encarado nos termos de uma ampla variedade de ingredientes culturais e intelectuais. Neste estudo, seguirei muitos caminhos e entrarei em muitas áreas intrigantes de simbologia, sendo minha intenção examinar a história do fenômeno rosacrucianista desde suas origens até o século XX.

A história seguirá dois caminhos paralelos. Um acompanhará a história externa das sucessivas fraternidades rosacrucianistas, com seus ritos e práticas, e os personagens estranhos e às vezes fascinantes que nela estiveram envolvidos; o outro seguirá o desenvolvimento interno do Rosacrucianismo, examinando sua herança intelectual e espiritual, e as doutrinas que ele ensinou a seus seguidores. Olharei também a influência que o Rosacrucianismo teve fora de seu círculo imediato de praticantes, por exemplo, na literatura.

Caso o leitor não esteja familiarizado com os fatos básicos a respeito das origens do movimento, são eles os seguintes. Em 1614, foi publicado em Kassel um texto alemão com o título *Fama Fraternitatis, dess Löblichen Ordens des Rosenkreutzes* (A Declaração da Digna Ordem da Rosa-Cruz), que vinha circulando em manuscrito desde algum tempo antes, possivelmente já em 1610. O *Fama* pretendia revelar a existência de uma fraternidade fundada por certo Christian Rosenkreuz, que vivera nos séculos XIV e XV. Contava-se que ele fundara a fraternidade depois de adquirir sabedoria em uma viagem ao Oriente. Os membros dessa ordem viajavam curando os doentes e adquirindo e difundindo conhecimento, mas sempre trabalhando incógnitos. Quando Christian Rosenkreuz morreu, o local de seu sepultamento foi mantido em segredo. Mas recentemente, dizia o *Fama*, a cripta fúnebre havia sido descoberta pela fraternidade e essa descoberta anunciava a aurora de uma nova era.

Logo depois do *Fama* surgiu, em 1615, o *Confessio Fraternitatis*, também publicado em Kassel, mas desta vez em latim. Repetia ele a mensagem do *Fama* com força ainda maior, sustentando a promessa de um mundo reformado e a derrubada da tirania papal. Como o *Fama*, alardeava o exaltado e poderoso conhecimento possuído pela fraternidade secreta.

Depois, em 1616, apareceu um terceiro trabalho, o mais estranho de todos. Foi publicado em Estrasburgo, em alemão, com o título *Die Chymische Hochzeit Christiani Rosenkreutz* (O Casamento Químico de Christian Rosenkreuz). Nele, o narrador, supostamente o próprio Christian Rosenkreuz, descreve sua experiência como convidado (não noivo, como sugere o título) no casamento de um rei e uma rainha que moravam em um castelo maravilhoso. O casamento desenvolve-se em uma extraordinária seqüência de acontecimentos, na qual os convidados são submetidos a provas de seu valor e alguns são mortos e trazidos de novo à vida durante uma operação alquímica. Imagens ocultas abundam. Há portais guardados por leões, fontes mágicas e navios correspondendo aos signos do zodíaco. Esse luxuriante simbolismo prestou-se a incontáveis interpretações, mas a ligação entre o *Casamento Químico* e os outros manifestos não é clara, nem o são os motivos exatos que seu criador teve para produzi-lo.

Embora *Casamento Químico* tenha sido publicado anonimamente, seu autor quase certamente foi um teólogo protestante de Tübingen, chamado Johann Valentin Andreae, que possivelmente foi também o autor ou co-autor do *Fama*. A autoria do *Confessio* é desconhecida. O próprio Andreae é uma figura estranha e enigmática, que será examinada em um capítulo posterior.

A publicação dos escritos rosacrucianistas provocou grande controvérsia na Alemanha. Muitas pessoas escreveram elogiando o movimento, na esperança de serem procuradas e admitidas na Ordem. Outras proclamaram-se rosacrucianistas e divulgaram panfletos em nome da fraternidade. Ainda outras publicaram escritos atacando o movimento como uma organização nociva ou herética. Quanto mais escritos apareceram sobre o assunto, mais confuso se tornou todo o quadro. Durante todos os séculos transcorridos desde aquele tempo, o nevoeiro que o envolve perdurou, mas o Rosacrucianismo de uma forma ou de outra sobreviveu e continua a conquistar adeptos.

Acredito que a durabilidade do Rosacrucianismo tem a ver em parte com a sedutora qualidade do motivo rosa-cruz. A rosa e a cruz tiveram individualmente várias interpretações e, no simbolismo cristão, são às vezes encontradas representando a Virgem Maria e Cristo, como em uma oração inspirada pela Litania de Loreto, que assim se refere à rosa:

Flor da Cruz, útero puro que floresce
Sobre tudo vicejando e ardendo,
Sagrada Rosa
Maria.[2]

C. G. Jung mostrou que a rosa é um símbolo profundamente enterrado no inconsciente coletivo. Representa o útero materno e também perfeição conseguida por equilíbrio. A cruz é também um símbolo profundamente estabelecido, ligado, de acordo com Jung, à tendência que a consciência interior do homem tem de procurar padrões quádruplos. Aparece em mitologias no mundo inteiro e em sua manifestação cristã simboliza sofrimento e sacrifício.

Tem sido sugerido que os fundadores do movimento rosacrucianista, inicialmente ultraprotestante, escolheram a rosa e a cruz porque essas figuras apareciam no brasão de Lutero e/ou porque estavam no de Andreae. Isso pode ser verdade, mas o símbolo não se teria firmado da maneira como o fez a menos que possuísse um poder intrínseco. Nem teria motivado contínuo crescimento em torno daquela mitologia central.

Todavia, para compreender por que o Rosacrucianismo sobreviveu por quase quatro séculos – e possivelmente mais – precisamos olhar além da atração do motivo da rosa e da cruz, por mais poderoso que ele possa ser. Esse motivo é meramente a ponta de um *iceberg* de simbolismo muito grande, simbolismo capaz de falar a todas as eras com renovada força, usando uma linguagem que provoca respostas no fundo de todos nós. Enquanto nossa consciência exterior expressa-se em palavras, nossa consciência interior comunica-se por símbolos e durante toda a história o homem usou sistemas simbólicos de uma espécie ou outra – astrologia, Cabala, alquimia, Tarot – para permitir a evolução de seu ego. Esses sistemas são como fontes jorrando água de algum reservatório profundo que parece ser alimentado pela totalidade da experiência do homem sobre si mesmo e sobre seu universo. Assim, qualquer sistema profundo de simbolismo tem dimensão universal, através de sua fonte; dimensão cultural, através da sociedade em que floresce; e dimensão individual, através da pessoa que o recebe.

Não é possível aqui analisar plenamente o simbolismo dos manifestos rosacrucianistas, pois este livro trata principalmente da significação histórica deles. Mas é importante acentuar que eles são capazes de produzir uma enorme riqueza de significação, que pode ser extraída do estudo da imagem neles contida ou pelo tratamento da linguagem como um código. Esses escritos têm a dizer algo poderoso e pessoal a todos que os estudam em profundidade e qualquer grupo ou indivíduo que tome o simbolismo rosacrucianista e trabalhe fervorosamente com ele partilhará algo de sua força.

Como o Rosacrucianismo se liga a toda a tradição hermética-cabalística, é possível aplicá-lo de várias maneiras diferentes. Por exemplo, ele pode ser usado para contemplação mística ou para manipulação mágica – a distinção sendo, falando geralmente, que no misticismo tenta-se comunicar com o divino projetando a própria consciência além do mundo físico, ao passo que na magia tenta-se operar no mundo físico usando correspondências com o mundo divino. O movimento rosacrucianista, como veremos, inclui seguidores de ambas as tendências.

Um aspecto persistente do Rosacrucianismo da maneira como se desenvolveu mais tarde foi a idéia do adepto misterioso, com conhecimento secreto e poderes estranhos. Foi essa a base de *Zanoni*, romance rosacrucianista de Edward Bulwer-Lytton. É tipificado também por uma curiosa anedota que eu encontrei quando pesquisava na biblioteca de Bulwer-Lytton em Knebworth. Entre os livros lá existentes há um tratado sobre alquimia, de Mary Attwood, *A Suggestive Inquiry into the Hermetic Mystery* (1850). Colado na guarda do volume, há um anúncio de *The Times*, escrito em latim, que pode ser traduzido assim: "Se isto chegar às mãos de um Irmão da Rosa-Cruz ou de um explorador da Transmutação Hermética, peço que entre em contato comigo por carta".

Estava assinado por "F. R. C.", com o que se pretendia claramente dizer "Frater Rosae Crucis" (Irmão da Rosa-Cruz), e o endereço dado era a agência do correio de Shaftsbury, em Dorset. O proprietário original do livro, certo Edward Bellamy, que trabalhava na Biblioteca do Museu Britânico, deve ter sido um alquimista entusiástico, pois enfiado no livro estava seu relato da seqüência.

Parece que, tendo escrito duas vezes para "F. R. C.", sem receber resposta, voltou certa noite para casa e soube que um adepto o havia procurado enquanto estava fora. Sua esposa descreveu-o como "um homem de aparência campestre, de cor rosada, de aspecto grave, mas agradável", o qual explicou que partiria no dia seguinte para uma viagem de volta ao mundo. Ao retirar-se, disse: "Seu marido me reconhecerá por isto". Tirou então do pescoço "uma corrente de aparência notável, com elos de ouro parecendo foscos e moles, com uma soberba cruz de esmalte cor-de-rosa cravejada de diamantes do tamanho, disse ela, de grandes ervilhas, com uma serpente de esmalte azul em volta". O homem permitiu que a esposa examinasse a jóia e depois partiu, para nunca mais voltar. Histórias de adeptos semelhantes abundam na literatura do Rosacrucianismo.

Outros aspectos da lenda rosacrucianista também exerceram fascinação. A localização da cripta, por exemplo, foi um objeto favorito de especulação. O Dr. R. W. Felkin, ocultista inglês e membro da Ordem da Aurora Dourada, saiu em busca da cripta em 1914. Tão absorto estava em sua procura, que não percebeu os sinais de guerra iminente senão quando já era tarde demais. Só conseguiu deixar a Alemanha na undécima hora com a ajuda de amigos maçons em Hanover e Amsterdam.

No Terceiro Reich, o Rosacrucianismo tornou-se uma *bête noire* dos nazistas. No comando da SS, Himmler encomendou uma história da fraternidade, *Das ältere Rosenkreuzertum*, por Hans Schick, livro a que me referirei mais tarde. Em um departamento do serviço de informações estrangeiras de Himmler, um grupo de pesquisadores "estudou matérias importantes como Rosacrucianismo e Maçonaria, o simbolismo da supressão da harpa no Ulster e a significação oculta das cartolas em Eton".[3]

O Rosacrucianismo sob várias formas está hoje muito vivo em várias partes do mundo. Todavia, só existe em inglês um livro que chega quase a ser uma história compreensiva do movimento, *Brotherhood of the Rosy Cross*, de A. E. Waite, publicado em 1924. O livro de Frances Yates, *The Rosicrucian Enlightenment* (1972), cobre apenas os estágios muito iniciais do desenvolvimento do movimento e *A New and Authentic History of Rosicrucians* (1938), de Frans Wittemans, é superficial e, em certos lugares, muito impreciso. A intenção do presente volume é preencher essa lacuna, contando a história do desenvolvimento do Rosacrucianismo, a partir de suas raízes.

Para completar esta introdução, devo registrar meus agradecimentos a numerosas pessoas. Antes de tudo, como velho admirador do trabalho de Colin Wilson, senti grande prazer quando ele concordou em escrever o prefácio. Em livros anteriores, tive oportunidade de agradecer a Ellic Howe, que foi um generoso mentor durante muitos anos. Para este livro, deu-me sua ilimitada ajuda e conselho, emprestou-me importantes materiais e leu e comentou o manuscrito. Igualmente devo agradecer a Gerald York pelo empréstimo de material e úteis sugestões. Sou grato também ao Dr. Richard van Dülmen, da Academia Bávara de Ciências, por ter-me dado o benefício de seu conhecimento especializado sobre a história rosacrucianista; a R. A. Gilbert, pelo empréstimo de material relativo a A. E. Waite, e aos editores mencionados em várias notas, que me concederam permissão para fazer citações. Finalmente, a falta de espaço impede-me de relacionar aqui os numerosos amigos do país e do exterior que me encorajaram com seu interesse e entusiasmo, ajudando-me assim a concluir o que foi um árduo mas compensador trabalho.

1

Antigas doutrinas redescobertas

O movimento rosacrucianista é parte de um modo de pensar cujas raízes estendem-se até a Antigüidade e que pode ser descrito como a tradição esotérica ocidental. Esta tradição, procedente de numerosas fontes, esteve presente em toda a história européia, exercendo forte influência, às vezes subterrânea, outras vezes florescendo às claras. Freqüentemente esteve em conflito com o Cristianismo, mas o pensamento cristão foi muitas vezes influenciado por ele e vice-versa. Esse modo de pensar chega quase a ser uma linguagem separada e sem conhecimento dele grande parte do que é importante na história do pensamento ocidental não pode ser apreendida. A poesia de William Blake, por exemplo, permaneceu em grande parte incompreendida até pesquisa recente mostrar que ele falava a linguagem da tradição esotérica.

Um grande renascimento desse modo de pensar iniciou-se na Itália durante a Renascença e abriu uma nova fase no desenvolvimento da tradição. A partir de então ela teve, ainda que um tanto subterrâneo, lugar assegurado no pensamento ocidental. O movimento rosacrucianista pertence a essa fase. Para compreender a tradição esotérica precisamos segui-la até suas origens e examinar os diferentes ingredientes que nela entraram.

O meio pelo qual a tradição começou a tomar forma foi o que é vagamente conhecido como Gnosticismo, movimento que teve o Egito como ponto focal, começando mais ou menos no quarto século antes de Cristo. O Egito fora penetrado primeiro pelas crenças místicas persas durante a conquista persa em 525 A.C., depois pelas influências gregas e orientais em seguida à ocupação sob Alexandre Magno em 333-331 A.C. Dessa mistura saiu uma perspectiva religiosa com as seguintes características.

Os gnósticos viam o universo como uma dualidade entre espírito e matéria. Concebiam um ser divino supremo, que era imaterial, eterno, inatingível e incognoscível. Na opinião gnóstica, o espírito do homem é um fragmento desse ser universal, que se separou e tornou-se prisioneiro da matéria. O mundo da matéria não é criação do Deus supremo, mas de um deus inferior, ou demiurgo, que tinha à sua disposição numerosos lacaios, chamados arcontes (governantes), os quais tinham diferentes esferas de influência no mundo material, correspondentes às esferas planetárias. A esfera mais alta, de Saturno, constitui a fronteira entre os mundos inferior e superior. Abaixo fica o mundo do mal com seus arcontes; acima está o mundo divino governado pelos espíritos bons. Omar Khayyam expressa isso em verso:

Up from Earth's Centre through the Seventh Gate
I rose, and on the Throne of Saturn sate,
And many Knots unravel'd by the Road;
*But not the Master-knot of Human Fate.**

De acordo com essa opinião, o homem é composto de um corpo e uma alma, que pertencem ao mundo material, e de uma centelha divina, ou *pneuma*, que é o elemento divino dentro dele. Enquanto é mantido pelo demiurgo na ignorância de sua verdadeira posição, o homem continua sendo prisioneiro. Mas às vezes mensagens de além das esferas são recebidas por certos indivíduos, que então se tornam conhecedores de seu aprisionamento e são capazes de transmitir o conhecimento a outros. Este conhecimento, ou *gnosis*, é a mais importante arma para libertar o espírito de sua servidão.

Não basta, porém, que o gnóstico meramente saiba que está aprisionado. Ele precisa também conhecer o funcionamento do mundo que o cerca a fim de poder estar melhor equipado para vencê-lo ou para usá-lo de maneira positiva – porque nem todas as escolas gnósticas encaram o mundo como um mal absoluto.

*Do Centro da Terra através do Sétimo Portão/Eu subi, e no Trono de Saturno sentei-me, / E muitos nós desfiz pelo Caminho; / Mas não o Nó-Mestre do Destino Humano.

A cosmologia gnóstica foi tirada em grande parte do filósofo estóico Heráclito de Éfeso, que encarava o cosmo como um organismo vivo, sujeito, como todas as outras coisas vivas, às leis de nascimento e morte. Quando o cosmo morre, de acordo com Heráclito, deixa para trás uma semente, da qual cresce um novo cosmo. Tudo neste cosmo deriva-se de uma única substância básica, que Heráclito vê como uma espécie de fogo. "Todas as coisas são uma troca por Fogo", escreveu ele, "e fogo por todas as coisas, até mesmo como utensílios por ouro e ouro por utensílios." Assim, tudo se move em um processo cíclico, idéia que foi muitas vezes representada pelo *ourobouros*, uma cobra mordendo sua própria cauda. Este símbolo passou a ser amplamente usado e é freqüentemente encontrado em contextos alquímicos.

Além disso, os gnósticos concebiam que para iniciar o processo de crescimento era necessário um ato de geração sexual, envolvendo um princípio universal masculino e feminino. A analogia sexual foi também usada para ilustrar como é implantada na alma "virgem" de um ser humano a "semente" de Deus, em uma união mística, ou *hieros gamos*. O simbolismo sexual destacava-se nas cerimônias gnósticas. Sexualidade é um tema a que voltarei mais tarde.

A crença gnóstica em uma graduação da matéria bruta para espírito puro refletiu-se na maneira como foram organizadas as comunidades dos gnósticos. Dividiam-se elas em três grupos principais. No nível mais baixo estavam aqueles inteiramente preocupados com coisas materiais e mundanas, para os quais, enquanto permanecessem nesse estado, não haveria redenção possível. Em seguida vinham aqueles que não eram capazes de percepção direta do divino, mas acreditavam em uma realidade superior e, por isso, eram passíveis de redenção parcial. No nível mais alto ficavam aqueles que estavam possuídos pelo espírito de Deus, ou *pneuma*, e eram conhecidos como "pneumáticos". Estes atuavam como profetas e eram capazes de redenção plena. Entre esses três grupos havia numerosos graus intermediários. Um sistema de cerimônias acompanhava cada nível e, depois de iniciada em determinado grau, a pessoa precisava permanecer silenciosa em relação aos dos graus inferiores. Parece por essa descrição que a maioria dos elementos das sociedades secretas modernas estavam presentes na comunidade gnóstica.

Alguns dos primeiros padres da Igreja, como Clemente de Alexandria e Orígenes, foram influenciados pelo Gnosticismo e numerosos grupos gnósticos foram formados nos primeiros anos da Era Cristã. O corpo principal da Igreja opunha-se, porém, ao Gnosticismo, tanto dentro como fora de suas fileiras. A luta continuou na Idade Média, quando o Gnosticismo ainda aflorava em várias partes da Europa. Os bogomilos da Bulgária, por exemplo, eram uma seita gnóstica que não comia carne senão de peixe, pois acreditavam que peixes eram as únicas criaturas não geradas sexualmente. Uma seita gnóstica semelhante era a dos albigenses do sul da França, que, como os bogomilos, propugnavam continência sexual e opunham-se ao consumo de carne. Foram eles selvagemente exterminados no século XII em uma cruzada inspirada pelo papa Inocêncio II. Em seguida, esses gnósticos entraram na clandestinidade, embora mesmo no final da Idade Média sua influência se manifestasse aqui e acolá. Na Renascença, como veremos, essa influência voltou a firmar-se.

O Gnosticismo produziu também a série de escritos atribuídos a Hermes Trismegistos, que tiveram enorme influência sobre o pensamento esotérico da Renascença e de tempos posteriores. Hermes Trismegistos (o "Três Vezes Grande") é um amálgama do deus mensageiro grego e do deus egípcio da sabedoria, Thot, embora mesmo na Renascença fosse considerado por muitos como uma figura histórica real. É o suposto autor de um corpo de ensinamentos místicos composto no início da Era Cristã no Egito.

O mais conhecido dos tratados herméticos é *Poimandres*, cujo autor descreve como, durante meditação, conversou com a *Poimandres* ou *Nous* (mente) do ser supremo. Esta entidade desdobrou para ele um ensinamento que é basicamente gnóstico. O homem origina-se de Deus, mas caiu em um mundo de matéria criado pelo demiurgo, que também é filho do intelecto divino. Depois da morte, aqueles que adquiriram *gnosis* elevam-se através das esferas para se reunirem à Divindade.

Dizer que os escritos herméticos ensinavam desprezo pela matéria seria um erro. Ao contrário das formas mais extremadas de Gnosticismo, o Hermetismo parece encarar a matéria como parte necessária da criação, que deve ser compreendida e dominada se o espírito elevar-se acima dela. Conseqüentemente, junto com as doutrinas místicas herméticas vão certos ensinamentos sobre o funcionamento e manipulação da matéria. Esta parte dos escritos herméticos tornou-se a base da alquimia, que é por isso freqüentemente mencionada como "a arte hermética". Essa alquimia hermética incluía teorias sobre como curar doenças e, tendo sido esta supostamente uma das principais atividades da fraternidade rosacrucianista original, talvez seja útil examinar alguns dos ingredientes da fisiologia e medicina herméticas.

Em um dos textos herméticos, o *Sermão de Ísis a Hórus*,[1] há um diálogo no qual Ísis revela a Hórus que o corpo do homem é "uma união e mistura dos quatro elementos; e dessa mistura e união ergue-se certo vapor, que é envolvido pela alma, mas circula dentro do corpo, partilhando com ambos, com o corpo e a alma, sua natureza. E assim as diferenças de mudanças são afetadas tanto na alma quanto no corpo.

> Pois se existe na constituição corpórea mais fogo, a alma, que é por natureza quente, tomando em si outra coisa quente e (assim) sendo tornada mais ígnea, torna a vida mais enérgica e apaixonada e o corpo mais ágil e ativo.
>
> Se existe mais ar... a vida torna-se leve, flexível e instável, tanto na alma como no corpo.

Ísis prossegue dizendo que excesso de água torna a criatura complacente e "capaz facilmente de encontrar-se com outros e juntar-se a eles através do poder da água de união e comunhão com o resto das coisas". Se o elemento terreno é excessivo, então "a alma da criatura é apática, pois não tem as partes de seu corpo flexivelmente unidas". Neste caso, o corpo é também pesado e inerte. Mas há um estado equilibrado de todos os elementos, no qual "o animal é tornado quente para fazer, leve para mover-se, bem misturado para contato e excelente para manter coisas juntas".

Diferentes animais, explica o sermão, têm diferentes elementos predominantes – ar no caso de pássaros, por exemplo, e água nos peixes. O homem, porém, tem uma mistura de todos esses elementos. Quando estão em seu estado original de equilíbrio, o ser humano é sádio. Mas se o equilíbrio é prejudicado e há predominância de um ou mais dos elementos, "o vapor que liga alma e corpo é perturbado e o corpo fica doente".

As partes do ensinamento hermético referentes à alquimia, astrologia e magia formaram um dos principais pilares do ocultismo ocidental posterior e nós examinaremos seu renascimento no devido tempo.

O clima intelectual e religioso que produziu o Gnosticismo e o Hermetismo produziu também o conjunto de doutrinas conhecido como Neoplatonismo, outro movimento de grande importância na tradição esotérica. Este sistema de pensamento é baseado nos ensinamentos de Platão sobre a imortalidade da alma, um príncipio transcendente do bem e um estado dualístico das coisas, no qual o mundo percebido por nossos sentidos é ilusório e mascara um mundo real só acessível a nossa alma. O Neoplatonismo, que surgiu no Egito entre o terceiro e o sexto séculos A.D., combinava filosofia platônica com ensinamentos aristotélicos, estóicos, pitagóricos e gnósticos. Consta que seu fundador foi uma figura nebulosa chamada Saccas (c.175-c.242), mas o proponente mais conhecido do Neoplatonismo foi Plotino (204-270). Nascido em Licópolis, no Egito, ele estudou com Saccas em Alexandria e posteriormente ensinou sua filosofia em Roma. Seus ensinamentos foram reunidos com um comentário de seu discípulo Porfírio (c.232-304) e publicados sob o título de *Enéadas*.

Plotino concebia o mundo como tendo nascido pelo processo de emanação de uma unidade cósmica suprema inacessível a nossa razão. Este ser dá origem a um Espírito Mundano, que por sua vez gera uma Alma Mundana, que depois ramifica-se em almas individuais. A alma, diz Plotino, "entregou-se a cada uma das massas materiais separadas... fez delas seres vivos, não fundindo-se no corpo, mas emitindo, sem qualquer mudança em si própria, imagens ou semelhanças de si própria, como uma face apanhada por numerosos espelhos".[2] Em outra passagem, Plotino introduz uma analogia que faz lembrar a alquimia: "Ouro é degradado quando é misturado com partículas térreas; se estas são removidas, resta o próprio ouro, que é belo, isolado de tudo quanto é estranho, ouro só com ouro. Assim, a alma, se é limpada dos desejos que resultam de seu contato muito íntimo com o corpo, emancipada das paixões... naquele momento a feiúra que provém só do estranho é retirada".[3]

É importante mencionar o traço pitagórico do Neoplatonismo, pois esse foi um aspecto que atraiu grandemente os intelectuais da Renascença. Pitágoras (c.580-c.497 A.C.) foi o fundador de uma escola na colônia grega de Croton, no sul da Itália, que durou um século ou mais após sua morte. Esta organização era não apenas uma escola filosófica, mas também uma espécie de fraternidade religiosa que acreditava na transmigração de almas e, conseqüentemente, na abstinência de carne, pois sustentava-se que os animais também tinham alma.

A mais importante contribuição da escola pitagórica foi seu trabalho no terreno dos números e proporções. Foi essa escola que descobriu as relações numéricas de intervalos musicais. Os pitagóricos descobriram que, se um pedaço de corda com dada tensão é tocado na metade de seu comprimento, a nota será um oitavo acima da nota na corda inteira. E a redução de três quartos dará um intervalo de um quarto. Esta descoberta de harmonia musical foi desenvolvida pelos gregos na noção do cosmo todo como uma orquestra, com cada um dos planetas emitindo uma nota diferente e produzindo a "música das esferas".

Examinamos até agora os traços gnósticos, herméticos, neoplatônicos e pitagóricos na tradição esotérica ocidental. Resta mais um traço para examinar, possivelmente o mais importante de todos, a saber, a

Cabala Judaica. Esta é uma coleção altamente complexa de ensinamentos místicos, cuja origem exata é desconhecida, mas que surgiu em duas fases principais. A primeira fase ocorreu entre os judeus medievais da Espanha, que produziram o *Sepher Yetzirah* (Livro da Formação), entre o terceiro e o sexto séculos A.D., e o *Zohar* (Livro do Esplendor), no século XIII. Alega-se que o último deriva de um rabino do século II, mas foi provavelmente escrito pelo rabino Moisés de Leon pouco antes de entrar em circulação. A segunda fase é o que se conhece como Cabala Luriânica, de Isaque Luria, de Safed, na Galiléia (1534-1572). Ele e seus seguidores desenvolveram a Cabala Zohárica e introduziram numerosos conceitos novos.

A Cabala atende a numerosos propósitos. É em primeiro lugar um sistema de cosmologia e teologia, explicando a natureza de Deus, a origem do mundo e o caráter do destino do homem. É também um meio de interpretar as escrituras pela aplicação de certas regras que dão sentido "interior" à linguagem da Bíblia. Finalmente, incorpora certas técnicas místicas pelas quais o indivíduo aprende a comungar com realidades superiores.

A Cabala concebe a criação como emanando de Deus em uma série de dez forças ou princípios básicos chamados *Sephiroth*, que são normalmente dispostos em um padrão conhecido como Árvore da Vida. Sustenta-se que esses dez princípios correm através da criação desde o próprio universo até o homem – outra forma da concepção de macrocosmo e microcosmo. Também parte do esquema de coisas da Cabala é a noção de quatro mundos procedentes da divindade: *Atziluth*, o Mundo da Emanação; *Briah*, o Mundo da Criação; *Jetzirah*, o Mundo da Formação, e *Assiah*, o Mundo da Ação, isto é, o mundo de matéria em que vivemos.

Outra parte importante da doutrina cabalística refere-se à língua hebraica, que se acreditava ser de origem divina. Cada uma das vinte e duas letras do alfabeto hebraico representa uma força elementar na criação. Tudo isso foi avidamente adotado pelos esoteristas da Renascença e posteriormente adaptado ao Cristianismo, de modo que da Cabala Judaica desenvolveu-se uma Cabala Cristã. Mais adiante farei um relato mais amplo dos ensinamentos cabalísticos tais como foram afetados pelo Rosacrucianismo.

Foram essas, portanto, as principais tradições esotéricas redescobertas pelos intelectuais da Renascença. O mais importante centro dessa redescoberta foi a corte florentina de Cosmo de Medici, que adquiriu paixão pela literatura hermética e neoplatônica depois de relacionar-se com um misterioso intelectual grego chamado Georgios Gemistos, conhecido pelo nome de Pletho (do grego *plethon*, que significa "o pleno") e que proferiu em Florença, em 1439, uma série de palestras impregnadas de idéias gnósticas e neoplatônicas.

Acredita-se que essas palestras inspiraram Cosmo de Medici a fundar sua academia platônica e encarregar os melhores intelectuais de reunir e traduzir textos clássicos. O mais proeminente desses intelectuais foi Marsilio Ficino (1433-99), que, além de Platão, traduziu também o *Corpus Hermeticum*, considerado por ele como contendo um núcleo de ensinamentos transmitidos desde os tempos antigos, através de Orfeu, Pitágoras, Platão e o próprio Hermes, que Ficino aceitava como pessoa real. Parece ter sido Ficino que introduziu o hábito de falar nos termos de uma sabedoria especial transmitida de sábio para sábio. Com o tempo, outros nomes, como Moisés, Dionísio o Areopagita e mesmo Santo Agostinho foram acrescentados à lista. A influência de Ficino estendeu-se por toda a Europa e a crença em um núcleo hereditário de sabedoria secreta conquistaria a imaginação de muitas pessoas e reapareceria proeminentemente, como veremos, nos escritos rosacrucianistas.

O discípulo de Ficino, Pico della Mirandola (1463-94), foi uma das pessoas responsáveis pela estimulação do interesse na Cabala. Suas *Novecentas Conclusões* (1486), em que usou idéias cabalísticas e neoplatônicas na tentativa de descobrir terreno comum entre Cristianismo, Judaísmo e Islamismo, motivaram acusações de heresia contra ele, que durante algum tempo foi perseguido pelas autoridades da igreja até 1493, quando o papa Alexandre VI o absolveu de heresia.

Outro advogado cabalístico foi o franciscano Francesco Giorgio, cujo *De Harmonia Mundi* combina cabalismo com uma preocupação pelas idéias de harmonia universal e com a música das esferas. Importante também no renascimento cabalístico foi um refugiado judeu da Espanha, Judah Arbanel, cuja obra *Dialoghi d'Amore*, escrita sob o nome de Leone Ebreo, foi publicada em 1535 e posteriormente obteve ampla circulação por ter sido incluída na coleção de Johann Pistorius, *Artis Cabalisticae*, publicada em Basiléia, em 1587.

No começo do século XVI esses diferentes elementos haviam sido fundidos com sucesso de modo a formar uma nova linguagem. É tempo agora de estudar o efeito dessa linguagem, quando transplantada para o solo alemão, no período que levou aos manifestos rosacrucianistas.

2

A tradição esotérica na Alemanha

"A Europa está grávida e vai dar à luz uma criança forte, que precisará do presente de um grande padrinho." É o que diz uma das declarações proféticas no *Fama Fraternitatis*. E se a Europa ia dar à luz uma criança não havia dúvida de que a Alemanha seria o útero, pois nos séculos XVI e XVII a Alemanha era na Europa o grande ponto focal de idéias messiânicas e milenistas. Pensadores alemães haviam tomado a tradição esotérica revivida por intelectuais italianos e criado um esoterismo germânico de especial força, construindo sobre raízes místicas germânicas que existiam antes de ser sentida a influência italiana.

Se olharmos *Parzival*, o grande poema arturiano de Wolfram von Eschenbach, escrito na década de 1190, encontraremos numerosos aspectos surpreendentemente reminiscentes da história apresentada nos manifestos rosacrucianistas mais de 400 anos depois. A fraternidade de cavaleiros descrita na história, que guarda o Santo Graal, vive em um castelo chamado Munsalvaesche, cuja localização é secreta. Essa fraternidade do Graal treina homens e mulheres para o serviço da humanidade. Os homens partem incógnitos, as mulheres abertamente. Os cavaleiros propriamente ditos são celibatários, exceto o Rei do Graal, que tem o direito de casar com uma mulher escolhida por Deus. O Graal que eles guardam é descrito por Wolfram como uma "pedra" deixada na terra por uma legião de anjos e cujas propriedades maravilhosas incluem a capacidade de curar e rejuvenescer.

Aqui a fraternidade altruísta e idealista, com seus cavaleiros celibatários, sua morada secreta e seus emissários masculinos incógnitos, é igualada pela fraternidade rosacrucianista descrita no *Fama* e no *Confessio*. E a descrição do Graal como uma pedra faz lembrar a passagem do *Casamento Químico* que diz: "Naquela ocasião, a Virgem declarou-nos que éramos os Cavaleiros da Pedra Dourada".

Outro ponto de similaridade está nas numerosas referências astrológicas que existem em *Parzival* e no *Casamento Químico*. Diz-se que Flegetanis, o autor original da história do Graal, de acordo com Wolfram, havia "visto com seus próprios olhos nas constelações coisas sobre as quais temia falar, mistérios ocultos. Disse ele que havia uma coisa chamada Graal, cujo nome lera claramente nas constelações".[1] Mais tarde, Cundrie, a feiticeira, diz a Parzival: "Tudo quanto as órbitas dos planetas limitam, tudo aquilo sobre o que a luz deles é lançada, está destinado como vossa meta para alcançar e realizar". Igualmente, no *Casamento Químico* há muitas referências a planetas e signos do Zodíaco.

Há um paralelo ainda mais notável. Wolfram relata como, após o Graal ter sido levado por donzelas, "Parzival acompanhou-as com o olhar e, antes que elas fechassem a porta depois de passar, viu sobre um divã, em um aposento externo, o mais belo velho que já contemplara. Eu o digo e não exagero – ele era ainda mais cinzento que a neblina". Este é Titurel, o fundador da fraternidade, que permanece em uma espécie de estado místico entre a vida e a morte, mas capaz de comunicar-se com os cavaleiros. De maneira semelhante, o corpo de Christian Rosenkreuz, quando encontrado na cripta por seus seguidores, estava "inteiro e intato".

Esta idéia de um monarca ou líder que não está morto, mas adormecido, e que um dia despertará é conhecida. Foi aplicada não apenas ao Rei Artur, mas também a figuras históricas como Carlos Magno e Frederico Barbarroxa. Na lenda rosacrucianista, é a fraternidade que redesperta, enquanto seu fundador, embora ostensivamente morto, permanece livre de decomposição, como símbolo de sua influência indecomponível através de seus seguidores.

Outro ingrediente do rico solo alemão de onde surgiu o Rosacrucianismo foi o trabalho de diversos grandes místicos contemplativos. Um dos mais notáveis deles foi Meister (Johannes) Eckhart (c.1260-1327), membro da ordem dominicana que, em seus escritos e sermões, ensinava um panteísmo místico que o levou a ser processado por heresia. Dois anos depois de sua morte, suas obras foram condenadas pelo Papa João XXII, mas continuaram a exercer influência sobre o misticismo religioso e a filosofia especulativa posteriores. Eckhart falava em termos de uma "identidade" com Deus e isto se tornou ponto de disputa entre seus seguidores, especialmente entre Johannes Tauler (c. 1300-1360) e Johannes Ruysbroek (1293-1381). Tauler, cujos escritos mais tarde influenciaram Lutero, concordava com Eckhart, enquanto Ruysbroek preferia pensar em termos de uma "relação" com Deus. Outro seguidor de Eckhart foi o dominicano Heinrich Suso (ou Seuse), autor de *Das Büchlein der ewing Weisheit* (O Livro da Eterna Sabedoria).

O último grande representante do misticismo alemão medieval foi Nicholas de Cusa (c.1401-1464), que se tornou cardeal e legado papal em Constantinopla. Em ciência, ele estava à frente de seu tempo e ensinava, por exemplo, que a terra girava ao redor do sol. Em seu *De Visione Dei* (Da Visão de Deus), publicado em 1454, compara os olhos de Deus àqueles de um rosto em uma pintura, que, quando observados por várias pessoas em ângulos diferentes, parecem estar fitando diretamente cada uma delas. Ensinou também a doutrina do microcosmo.

Quando chegou à Alemanha, a tradição hermética-cabalística-neoplatônica caiu em solo fértil. Um dos maiores hebraístas e cabalistas alemães era Johannes Reuchlin (1455-1522), de Pforzheim, na Floresta Negra, que extraiu seu conhecimento sobre a Cabala em grande parte de Pico della Mirandola e de dois professores judeus, Obadiah Sforno e Jacob Loans. Apoiou-se muito nos escritos de Joseph ben Abraham Gikatila, um cabalista espanhol que escreveu no fim do século XIII e ensinou que o poder divino emana de uma série de permutas do sagrado nome YHWH. O mais influente trabalho cabalístico de Reuchlin foi *De Arte Cabalistica* (1517). Escreveu também um livro sobre a língua hebraica, *Rudimenta Hebraica* (1506). A simpatia de Reuchlin pelos hebreus provocou forte hostilidade dos adversários dos judeus, especialmente de Johannes Pfefferkorn, um fanático que se convertera do Judaísmo. Os humanistas acorreram em socorro de Reuchlin e atacaram seus adversários clericais em uma série de escritos satíricos, desfechando assim importante golpe contra a intolerância.

Outro alemão, Heinrich Cornelius Agrippa von Nettesheim (1486-1533), foi uma das figuras mais influentes de toda a história do ocultismo. Nasceu em Colônia e seu verdadeiro nome era Heinrich Cornelis. Latinizou-o mais tarde para Cornelius e acrescentou o nome do fundador romano de Colônia. O "von Nettesheim" refere-se a uma localidade perto de Colônia. Heinrich passou a maior parte de sua vida como soldado e enviado a serviço do Santo Imperador Romano, Carlos V, e teve uma vida errante, durante a qual procurou conhecimentos muito variados e entrou em contato com muitas importantes mentes em diferentes partes da Europa. Encontramo-lo em Dole fazendo palestras sobre Reuchlin, hospedando-se com o filósofo inglês Dean Colet em Londres e trabalhando como médico da Rainha Luísa de Savóia. Sua franqueza criou-lhe complicações com a Igreja e com o Rei Francisco I, que o lançou à prisão em Lyon. Pouco depois de seu livramento morreu na pobreza.

Agrippa foi um dos principais expoentes da escola de pensamento neoplatônico de Ficino. Este e outros elementos entraram em sua obra principal, *De Occulta Philosophia*, publicada originariamente em Colônia, em 1531, e constituída de três partes. Cada parte examina cada um dos três reinos: o elementar, o intelectual e o celestial. A primeira contém um exame da magia natural, a segunda trata do simbolismo numérico e a terceira, que deve muito a Reuchlin, trata dos nomes divinos.

Uma das coisas que deram fama e notoriedade a Agrippa foi sua defesa da magia – definida como a sabedoria dos Magos e não como feitiçaria, conforme a imaginação popular. Em seu *De Occulta Philosophia* ele escreve que "entre homens instruídos um mágico não significa um feiticeiro ou alguém supersticioso ou diabólico; mas um homem sábio, um sacerdote, um profeta; que as Sibilas eram mágicas e por isso profetizaram mais claramente sobre Cristo; que os mágicos, como homens sábios, pelos mais maravilhosos segredos do mundo, souberam que Cristo, o autor do mundo, havia nascido e foram os primeiros de todos a adorá-lo; e que o nome de Mágico foi recebido por Filósofos, recomendado por Teólogos e não é inaceitável pelo Evangelho".[2]

Agrippa apoiou também a idéia do homem como microcosmo: "Vendo no homem a mais bela e perfeita obra de Deus, e sua Imagem, e também o mundo menor; por isso, ele por uma perfeitíssima composição e suave harmonia, e mais sublime dignidade, contém e mantém em si todos os números, medidas, pesos, noções, elementos e todas as outras coisas que são de sua composição".[3]

O terceiro livro esboça um sistema de Cabalismo Cristão, discutindo os nomes hebraicos de Deus, o *Sephiroth*, as hierarquias angélicas e as esferas celestes. Trata também das áreas de influência dos planetas e dos valores numéricos das letras hebraicas e sua significação cabalística.

Em seguida, cronologicamente, a figura mais importante do esoterismo alemão é Theophrastus Bombastus von Hohenheim, mais conhecido como Paracelso (1493-1541), alquimista, médico e filósofo ocultista. Nasceu de ascendência suábia em Einsiedeln, na Suíça, e com dezesseis anos de idade foi para a Universidade de Basiléia, onde estudou alquimia e química com Trithemius, bispo de Würsburg. Trithemius foi também importante figura na tradição esotérica e autor de numerosos trabalhos sobre magia, alquimia e profecia. Depois de sair da universidade, Paracelso aprendeu a respeito das propriedades metais e minerais durante um período nas montanhas do Tirol. Em seguida, levou uma vida de médico itinerante, nunca permanecendo muito tempo em um lugar por causa de sua natureza franca e agressiva, que invariavelmente provocava inimizades. Adquiriu vasto conhecimento em numerosos campos e seus extensos escritos abrangem alquimia, cosmologia, medicina e misticismo.

Em medicina, Paracelso ensinava que o corpo e a alma estão unidos e que o médico deve, portanto, tratar os dois simultaneamente e procurar colocá-los em harmonia. Viver harmoniosamente é viver de acordo com seu próprio e verdadeiro eu. Mas, como o homem é um microcosmo, este eu está condicionado pelas influências do cosmo. Por isso, para conhecer perfeitamente uma pessoa, o médico precisa ser capaz de estudar influências cósmicas através da astrologia. Precisa também ser teólogo, para compreender as necessidades da alma, alquimista, para compreender o funcionamento interno da matéria, e místico, para saber que existe algo divino além da razão do homem. O impacto de Paracelso sobre o ensino médico foi imenso e, entre suas realizações práticas, inclui-se a classificação das doenças dos mineiros, baseada em suas experiências nas minas tirolesas. Paracelso foi também um pioneiro em técnicas sistemáticas de laboratório.

Todo o pensamento de Paracelso estava imbuído de idéias ficinianas, herméticas e cabalísticas. "A Cabala", escreveu ele, "abre acesso para o oculto, para os mistérios; permite-nos ler epístolas e livros selados, e igualmente a natureza interior do homem... Isso porque a Cabala constrói sobre alicerces verdadeiros. Pedi e vós será dado, batei e sereis ouvidos... Adquirireis conhecimento maior que o de Salomão." [4]

Os escritos de Paracelso tiveram grande influência sobre os pensadores ocultistas que o seguiram, como Valentin Weigel (1533-1588), pastor protestante cujos escritos místicos motivaram a reprovação dos membros de sua religião. Outra figura importante da época foi Aegidius Gutmann (ou Gutman) (1490-1584), autor de *Offenbarung göttlicher Majestät* (A Revelação da Divina Majestade), que dá uma interpretação esotérica ao Gênesis e acentua o lado espiritual da alquimia.

Estamos agora no limiar do período rosacrucianista. Tendo examinado os antecedentes intelectuais do movimento, voltemos nossos olhos agora para o estado da sociedade alemã durante a era pré-rosacrucianista e as atitudes mentais que ele gerou.

Em toda história européia e particularmente na alemã, subversões religiosas e sociais andaram lado a lado. Em seu notável livro *The Pur-*

suit of the Millenium, o professor Norman Cohn apresenta numerosos exemplos de seitas revolucionárias e messias autoproclamados que se rebelaram contra a ordem religiosa e secular estabelecida e prenunciaram a Reforma de Lutero. Um dos mais importantes movimentos pré-luteranos de Reforma foi o dos Irmãos Boêmios, seguidores de João Hus, ou Huss (c.1373-1415). Embora Hus tenha sido queimado por heresia, o movimento hussita continuou a florescer na Boêmia até a Guerra dos Trinta Anos e ainda hoje tem seus seguidores. Contudo, não foi senão no tempo de Lutero que a Reforma se tornou um desafio generalizado e sério à Igreja Romana. A revolução iniciada quando Lutero pregou na porta da Igreja do Castelo de Wittenberg, em 1517, suas noventa e nove teses contra o abuso de indulgências levou a uma longa e renhida série de conflitos entre os adeptos da velha e da nova ordem, conflitos que geralmente estavam ligados às ambições territoriais dos príncipes. A Paz de Augsburgo em 1555 foi uma tentativa de solucionar a disputa, mas causou apenas uma trégua incompleta e temporária. O período entre essa paz e o início da Guerra dos Trinta Anos, em 1618, foi de contínuo confronto e escaramuças entre católicos e protestantes. O mundo alemão, com seus numerosos principados de ambos os lados, sofreu particularmente.

Um dos meios pelos quais o povo muitas vezes procura consolo em tempo de perturbações é acreditar que seu sofrimento faz parte de um padrão de história e que uma nova idade de ouro está-se aproximando. No período pós-Reforma na Alemanha, esta noção esteve no centro de um complexo de pensamento, que chegou a ser chamado modo de pensar "pansófico" (do grego *pansophia*, que significa conhecimento universal). As pessoas que pensavam dessa maneira deviam muito aos escritos de Joachim de Fiore (c.1135-1202), abade italiano do século XII, que inventou um sistema profético, considerado por Norman Cohn como "o mais influente conhecido na Europa até o aparecimento do marxismo". Depois de um longo período em que passou contemplando as escrituras, Joachim recebeu uma inspiração que parecia revelar uma mensagem profética contida na Bíblia.

Em sua interpretação, Joachim via a história como um processo que ocorre em três idades sucessivas, cada uma delas presidida por uma das três pessoas da Trindade. Primeiro veio a Idade do Pai, caracterizada pela regra da Lei; em segundo lugar, veio a Idade do Filho, com ênfase no Evangelho e na fé; e finalmente viria a Idade do Espírito Santo ou Paraclete, uma era de amor, alegria e liberdade, quando o conhecimento de Deus seria revelado diretamente no coração de todos os homens.

Essa idéia continuaria a produzir ecos muitos séculos depois da morte de Joachim. Este concebia cada idade com a duração de quarenta e duas gerações, consistindo cada geração em trinta anos. Como a Segunda Idade começara com o nascimento de Cristo, seguia-se que a Terceira Idade começaria em 1260. Entretanto, devia ser pavimentado o caminho para o advento da Nova Idade, o que seria realizado por uma nova ordem de monjes, que pregariam o Evangelho em todo o mundo e um dos quais seria um mestre supremo, cuja tarefa consistiria em ensinar homens a voltar-se das coisas terrenas para as coisas do espírito. Mas três anos e meio antes da chegada da Terceira Idade, haveria um período de purgação realizado pelo Anticristo, um rei secular que destruiria a igreja corrupta e mundana a fim de abrir lugar para a verdadeira igreja. O Anticristo por sua vez seria derrubado e a Idade do Espírito começaria.

No início do século XVII, muitas pessoas prediziam que o tempo do Anticristo estava próximo. Uma delas foi Heinrich Vogel, pastor protestante de Lützelstein, autor de *Offenbarung Geheymnissen der Alchimy* (Revelação dos Segredos da Alquimia), publicado em 1605. Neste trabalho, ele escreveu que, quando o Evangelho e a alquimia se apresentassem novamente juntos, o Anticristo seria revelado e o Último Dia estaria próximo. Um prenúncio disto era a emergência de certos filósofos, como Paracelso, que tiraram a alquimia das trevas e a purificaram.

Havia também certas pessoas que se viam no papel do fundador da nova ordem de Joachim. Uma delas era Julius Sperber, que posteriormente se tornou apologista do Rosacrucianismo. Em *Wunderbuch* (Livro das Maravilhas), Sperber descreveu um sonho visionário no qual viu as palavras *nitorem ardentem deglutiam* ("Vomitarei a ardente claridade"). Ao despertar, consultou as Escrituras e descobriu a passagem em que a boca do profeta Isaías é tocada por um serafim com uma brasa ardente, significando que ele iria sair e profetizar. Will-Erich Peuckert resume a interpretação que Sperber deu a isso:

> Aproxima-se a Terceira Idade, cujo início está oculto do mundo, exceto de alguns poucos indivíduos. O mais importante indício disso é que nos anos entre 1500 e 1600 o mundo teve o mesmo aspecto que no século anterior ao nascimento de Cristo. Assim como então só umas poucas pessoas tiveram conhecimento da chegada da nova idade – como os pastores nos campos e o sacerdote Zacarias – embora viesse anunciando-se havia muito tempo, o início desta nova idade de ouro só é conhecido de uns poucos.

> Mas aqueles que podem ver são capazes de discernir os sinais. Em toda parte são visíveis mudanças. Lutero reformou a religião. Nicolaus Vigelius (latinizado de Vigel) propôs um novo sistema legal para o Império Romano. Na medicina, Paracelso chegara sessenta anos antes. E na filosofia Ramus e Guillaume Postel criaram um novo sistema. Também no direito houve mudanças. Um médico, Johannes Wierus (Johann Wier, o conhecido opositor da perseguição à feitiçaria) ergueu-se e disse que a crença e feitiçaria é uma tolice.[5]

Sperber passa então a descrever à nova idade. A nova Jerusalém surgirá e uma nova religião nascerá presidida pelo Espírito Santo. Os olhos de todos serão abertos, a crença tornar-se-á forte e a descrença desaparecerá. A filosofia verdadeira e completa será fundada em verdadeira teologia. Assim como a Primeira Idade foi governada por monarquia e a Segunda por aristocracia, a Terceira Idade será de democracia. A nova medicina será espagírica (isto é, alquímica) e as sete artes liberais florescerão.

O ano crucial de Joachim, 1260, precisava naturalmente ser revisado e divergiam as opiniões sobre quando começaria a nova idade. Adão Nachenmoser, em *Prognosticum Theologicum* (1588), contou os 1260 anos a partir da morte de Constantino em 327, chegando ao ano de 1587. Dali até 1600 perdurariam as "dores do parto", isto é, o Anticristo reinaria, mas depois, em 1600, nasceria a nova idade. Nachenmoser, como Sperber, apresenta a idéia generalizada de que o Anticristo encontraria a oposição de um "Terceiro Elias" ou "Terceiro Elijah". No final de Malaquias, último livro do Velho Testamento, aparece o seguinte versículo: "Eis que eu vos enviarei o profeta Elias, antes que venha o grande e terrível dia do Senhor." Sustentava-se que João Batista fora o segundo Elias. Mas a Terceira Idade também teria seu Elias e havia muita especulação quanto a sua identidade.

Paracelso também escreveu sobre esse tema. No capítulo oito de *Buch von den Mineralien* (Livro dos Minerais), ele diz: "Aquilo que é de menor importância Deus já permitiu que fosse revelado; mas o mais importante está ainda no escuro e assim permanecerá até vir Elias, o Artista". Este "Elias, o Artista" foi concebido por Paracelso como um adepto da ciência química. Esse revelador, disse ele, viria cinqüenta e oito anos após sua morte. Como Paracelso morreu em 1541, Elias deveria aparecer em 1599. Mas certas pessoas argumentavam que na realidade Paracelso morrera em 1544. Portanto, 1603 tornava-se o ano crucial. No *Fama Fraternitatis* mais um ano é acrescentado ao número e 1604 é dado como a data em que foi aberta a tumba de Christian Rosenkreuz. Mas não há dúvida de que a idéia de Joachim sobre uma nova ordem para preparar a chegada da Terceira Idade estava na mente do autor ou dos autores do *Fama*.

O mais importante escritor profético relacionado com a questão rosacrucianista talvez tenha sido Simon Studion. Este místico e teosofista nasceu em Urach, no Württemberg, em 1543, e recebeu seu diploma de mestre em Tübingen em 1565. Posteriormente, trabalhou como professor em Marbach e Ludwigsburg. Foi durante algum tempo patrocinado por Frederico, duque de Württemberg, entusiástico promotor de estudos ocultistas, mas suas opiniões heterodoxas conquistaram-lhe inimigos que conspiraram para afastá-lo do favor de Frederico. O mais importante trabalho de Studion, *Naometria*, nunca apareceu impresso, mas deve ter circulado amplamente como manuscrito.

A palavra *naos* significa templo, em grego, e o título do livro refere-se à medição do templo, isto, dos templos interno e externo, que representam a Sagrada Escritura e a natureza. Nessa obra, Studion baseou-se muito em Joachim. De acordo com Studion, a penúltima das "gerações" proféticas de Joachim, antes do início da nova idade, durou de 1560 a 1590. A segunda vai portanto até 1620. A nova idade, como é vista por Studion, seria designada por uma cruz e uma das numerosas ilustrações de *Naometria* mostra uma figura feminina representando a nova idade, montada em uma criatura feita dos quatro animais da visão de Ezequiel e carregando uma bandeira em que se vê uma cruz. A mulher cavalga em terra firme, enquanto à esquerda o Papa e o Imperador agarram-se a um barco naufragando entre os rochedos.

Studion identificou a nova ordem de Joachim com uma organização que chamou de Confederatio Militiae Evangelicae, uma espécie de aliança protestante concluída em Lüneburg em 1586 entre certos príncipes e eleitores e representantes do rei de Navarra, do rei da Dinamarca e da rainha da Inglaterra. Outro dos participantes era Frederico, Duque de Württemberg, a quem *Naometria* é dedicado e que é mencionado como o crucificador do último papa. É duvidoso que haja existido tal aliança, mas é possível que a idéia dela tenha prenunciado a noção da fraternidade rosacrucianista. Voltarei mais adiante às ligações entre *Naometria* e os manifestos rosacrucianistas.

É significativo o fato de *Naometria* datar de 1604, pois esta era não apenas a suposta data da abertura da tumba de Christian Rosenkreuz, mas também um ano astrologicamente significativo. Aquele ano viu o aparecimento de duas novas estrelas nas constelações de Serpentário e

Cisne. No tempo em que apareceram as novas estrelas, Júpiter e Saturno estavam em conjunção na nona casa. Como Júpiter era considerado um planeta bom e Saturno mau, houve alguma especulação sobre qual deles era dominante. O consenso geral de opinião foi, porém, no sentido de que a nona casa é casa de Júpiter e Júpiter rege Peixes, o signo em ascendência no tempo da observação. Júpiter era portanto o planeta dominante. Ambos os planetas estavam também colocados favoravelmente em relação aos outros planetas. Quando está bem colocado, Saturno produz homens ponderados e sérios.

A combinação prometia, portanto, o advento de um profeta ou de profetas, que seriam sábios, justos e retos. Acreditava-se, além disso, que essas posições astrológicas correspondiam às posições que havia na Criação. De acordo com a tradição, o Sol apareceu pela primeira vez no quarto dia da Criação, quando Áries estava em ascendência. Segue-se daí que Sagitário devia estar na nona casa.

Assim, por ocasião do aparecimento das novas estrelas em 1604, os sinais eram os mesmos que aqueles no começo do mundo, provando isso que 1604 também veria um novo e grande começo. No contexto rosacrucianista, este novo começo significava a abertura da tumba de Christian Rosenkreuz e o lançamento de sua mensagem.

3

O círculo de Tübingen

A abertura da tumba de Christian Rosenkreuz, real ou simbólica, deixou um espectro que rondaria a Europa quase com tanta persistência quanto o espectro do Comunismo dois séculos e meio mais tarde. O espectro rosacrucianista era, porém, uma criatura muito mais esquiva. Embora numerosas pessoas afirmassem tê-lo visto ou mesmo ter-se comunicado com ele, ninguém foi capaz de fazer um relato muito inteligível de sua aparência. Nem se tornou claro se era uma entidade independente ou se alguém o evocara. Há numerosas possibilidades para a identidade de quem o evocou, mas o candidato mais provável é Johann Valentin Andreae (1586-1654), um erudito pastor protestante de Tübingen, que afirmou em sua autobiografia haver escrito *Casamento Químico*, e possivelmente foi também o autor ou co-autor do *Fama*. Quer tenha ou não criado realmente a lenda rosacrucianista, Andreae esteve sem dúvida estreitamente envolvido nela e é importante conhecer alguma coisa sobre o caráter e a carreira desse curioso homem.

O avô de Andreae, Jacob Andreae, era um católico convertido ao Protestantismo e um dos seus principais pioneiros. Era conhecido como o "Lutero de Württemberg". Teve uma carreira distinta e por ocasião de sua morte era reitor da Universidade de Tübingen. Jacob Andreae tinha dezoito filhos, dos quais o sétimo, Johann Andreae, tornou-se também pastor luterano. Faltavam-lhe os dotes do pai, mas ele tinha forte interesse por alquimia.

O filho de Johann, Johann Valentin Andreae, foi criado em uma atmosfera na qual a alquimia destacava-se proeminentemente. Seus professores foram escolhidos menos por suas capacidades acadêmicas do que por sua inclinações alquímicas e o jovem Johann deve ter-se familiarizado perfeitamente com a linguagem da alquimia, assim como deve ter visto algo do charlatanismo que a acompanhava freqüentemente. Sua exposição inicial a impostores alquímicos explicaria a invectiva contra falsos alquimistas existente nos escritos rosacrucianistas.

O coração delicado de Johann Valentin Andreae impedia-o de participar das brincadeiras infantis habituais e ele cresceu como uma criança sonhadora, quieta e introvertida. Em 1591, a família mudou-se de sua terra natal, Herreinberg, para Königsbronn. Depois, em 1601, quando o pai de Andreae morreu, a mãe e os filhos mudaram-se para Tübingen, então uma atraente cidade universitária à margem do rio Neckar. Pouco mais tarde, Andreae ingressou na universidade. Sua mãe, que era uma mulher instruída, tornou-se boticária da corte de Frederico I, Duque de Württemberg.

Mais ou menos na época em que Andreae ingressou na Universidade de Tübingen, os estreitos laços que até então existiam entre a Tübingen protestante e a Áustria católica estavam sendo desfeitos pelo novo espírito de contra-reforma encorajado pelo reacionário imperador Frederico II. Estudantes austríacos não iam mais livremente a Tübingen, como faziam no reinado do Imperador Rodolfo II, tolerante e de mentalidade ocultista, com sua corte em Praga. Os efeitos da intolerância religiosa foram assim vigorosamente impressos na mente do jovem Andreae. Tendo recebido seu diploma de bacharel em 1603 e de mestre em 1604, Andreae começou a ganhar a vida lecionando para alguns alunos. Ao mesmo tempo, dedicava-se a uma ampla variedade de estudos, inclusive teologia, matemática, óptica e astronomia.

Gozava da companhia de um erudito e idealístico círculo de amigos, dos quais um dos mais proeminentes era Christopher Besold, homem de vasto conhecimento, que sabia nove idiomas, entre os quais hebraico, e se interessava pela Cabala. Besold, que posteriormente se converteu ao Catolicismo, tinha fortes tendências místicas e os territórios de seu conhecimento tinham estreita relação com o conteúdo dos escritos rosacrucianistas.

Em 1614, Andreae tornou-se diácono em Vaihingen, casou-se e fixou-se na vida de respeitável pastor e teólogo luterano. Escrevia prolificamente, tendo sido provavelmente seu mais importante trabalho *Christianópolis* no qual descreve um estado cristão utópico. Em vários de seus escritos refere-se ao entusiasmo rosacrucianista. Em *Turris Ba-*

bel (1619), por exemplo, escreve mordazmente sobre o movimento e diz a seus leitores: "Ouvi, ó mortais, em vão esperais pela vinda da Fraternidade, a Comédia está no fim".

Que parte desempenhou Andreae em todo o negócio? E como vieram a ser escritos e publicados os manifestos e *Casamento Químico*? Para responder a estas perguntas precisamos recorrer a conjeturas informadas. Imagine-se um grupo de homens inteligentes, lidos e idealistas, reunidos em Tübingen mais ou menos em 1608. O jovem Andreae, com vinte e dois anos, ouve solene e atentamente enquanto seu mentor, Christopher Besold, discursa, esboçando sua visão de uma Europa livre de dissensão religiosa e aquecendo-se à luz da verdadeira fé cristã, combinada com ciência e conhecimento. Besold ilumina o que diz com constantes citações dos clássicos e surpreendentes comparações entre a doutrina cristã e a Cabala. No grupo talvez também estivessem Abraham Hölzel, jovem austríaco amigo de Andreae, Tobias Hess, médico em Tübingen, e dois outros amigos de Andreae, Tobias Adami e Wilhelm Wense. Os dois últimos eram discípulos do frade italiano Tommaso Campanella, autor de *A Cidade do Sol*, obra utópica que descreve uma sociedade ideal governada por sacerdotes herméticos. Adami e Wense introduziram Andreae nesse trabalho, cujo pensamento utópico ajudou a criar a atmosfera em que foram produzidos os manifestos rosacrucianistas.

O outro principal tema dos manifestos rosacrucianistas, o da sociedade secreta de iniciados, tirou sua inspiração, em parte, sem dúvida, das fraternidades e ordens de cavalaria medievais alemãs, como foi mencionado antes, mas também das academias florentinas. É importante compreender que na Alemanha desenvolvia-se naquele tempo forte tendência à formação de sociedades secretas e semi-secretas, muitas vezes estreitamente ligadas a um nascente nacionalismo germânico. Isto pode ser visto nas várias sociedades criadas com o propósito de promover a língua alemã, pela qual os alemães estavam começando a adquirir novo orgulho. A primeira delas foi a Fruchtbringende Gessellschaft (Sociedade Frutificadora), fundada em 1617 pelo príncipe Ludwig de Anhalt. É fascinante descobrir que entre seus primeiros membros estavam Andreae e Adami.[1] Baseava-se ela em uma sociedade florentina da qual cada membro tinha um nome especial associado a negócio de moagem ou panificação. De maneira semelhante, os membros da Fruchtbringende Gessellschaft adotavam nomes ligados principalmente ao objetivo "frutificador" da sociedade. O príncipe Ludwig, por exemplo, era "der Nährende" (o Nutridor); outros nomes eram "der Helffende" (o Auxiliador), "der Unverdrossene" (o Infatigável), "der

Nutzbare" (o Produtivo), "der Vielgekörnte" (o Muito Granulado) e "der Grade" (o Reto). Cada membro tinha um brasão correspondente à sua própria designação e as armas da sociedade mostravam um coqueiro com o lema "Alles zu Nutzen" (Tudo em Benefício). A sociedade passou mais tarde a ser chamada Gessellschaft des Palmenordens (Sociedade da Ordem da Palmeira).

Contudo, a organização que tem mais estreita semelhança familiar com a fraternidade rosacrucianista e que talvez tenha sido o modelo mais direto para ela era uma sociedade chamada Orden der Unzertrennlichen ou Indissolubilisten (Ordem dos Inseparáveis), que foi fundada em 1577 e mais tarde se ligou à Fruchtbringende Gesellschaft. Documentos relativos a essa sociedade estiveram guardados nos arquivos da loja maçônica Zur Freundschaft, em Berlim, e Archimedes, em Altenburg, até elas serem dissolvidas pelos nazistas, mas o conteúdo dos documentos está registrado em outros lugares e Karl Frick resume-os em seu livro *Die Erleuchteten.*

Entre os fundadores dessa ordem incluíam-se proprietários de minas e fundições. Alquimia e tecnologia de fundição estavam entre seus principais interesses. Os resultados de bem-sucedidas experiências alquímicas foram registrados e colocados em uma "Archa", um cofre secreto cujo conteúdo aumentava continuamente. Há um impressionante eco da descrição na cripta de Christian Rosenkreuz, apresentada no *Fama*, a qual tinha em cada parede "uma porta de um cofre, onde estavam diversas coisas, especialmente todos os nossos livros". Diz-se também que a ordem usava um alfabeto secreto contendo muitos símbolos alquímicos – outro eco rosacrucianista, pois no *Fama* lemos que os quatro fundadores da fraternidade rosacrucianista "fizeram a Linguagem Mágica e a escrita".

Os membros da Unzertrennlichen dividiam-se em cinco graus, dos quais o quarto era dedicado a trabalho alquímico. Isto pode parecer em conflito com o espírito do *Fama*, que fala em "ímpia e maldita fabricação de ouro, sob cujo disfarce muitas pessoas vagabundas e velhacas praticam grandes vilanias, fraudam e abusam do crédito que lhes é dado". Os "verdadeiros filósofos", prossegue o *Fama*, "são de outra mentalidade, estimando pouco a fabricação de *Ouro*, que não é senão um trabalho subsidiário, pois além desse eles têm mil outras coisas". Descrevendo a fabricação de ouro como trabalho secundário ou subsidiário, o *Fama* parece indicar que os irmãos eram capazes de fabricar ouro, mas consideraram mais importante a alquimia superior ou espiritual.

Tudo isto parece indicar que havia uma ligação entre a Unzertrennlichen e a fraternidade rosacrucianista, sendo tentador especular que talvez haja aqui indícios para explicar o mistério das origens da fraternidade. Há mais um curioso indício que talvez seja relevante. Na Biblioteca do Estado de Württemberg, em Stuttgart, existe um manuscrito alquímico rosacrucianista que, segundo todas as aparências, é um documento do século XVIII da chamada ordem da Gold-und Rosenkreuz (Dourada Rosa-Cruz). Contudo, no frontispício consta a data de 1580. É possível que esse documento tenha sido copiado de um manuscrito da Unzertrennlichen. Podemos ainda especular que a fraternidade rosacrucianista talvez tenha saído da Unzertrennlichen. A ligação entre as duas ordens reaparece mais tarde, como mencionarei em um capítulo subseqüente.

Sabemos que Andreae era membro da Fruchtbringende Gesellschaft. Portanto, poderia facilmente ter sido membro da Unzertrennlichen. Após decidirem que era necessária uma "reforma geral" do mundo, ele e seu círculo talvez tenham resolvido criar uma ordem interna ou possivelmente uma ordem completamente imaginária baseada na Unzertrennlichen. Em qualquer dos casos, poderiam ter dado a sua ordem uma história fictícia para ajustar-se à tradição joachita e pansófica. Para ver como isso poderia ter funcionado, precisamos olhar mais de perto os antecedentes do círculo de Tübingen.

No meio que produziu os manifestos, pensamento utópico e predileção por sociedades secretas andavam da mãos dadas. Ao discutir a maneira de promover uma sociedade melhor, o grupo de Tübingen baseou-se muito em idéias pansóficas e procurou outras pessoas de tendência pansófica para a execução de seus ideais. Percebeu, porém, que para pôr em andamento o processo era necessário um catalisador sob a forma de alguma mística poderosa. As partes protestantes da Alemanha já se haviam afastado da corrupção de Roma, mas não tinham conseguido encontrar no luteranismo substituto satisfatório para o simbolismo católico que haviam perdido. Era necessário, portanto, descobrir alguma simbologia nova e satisfatória, que pudesse ser ligada a idéias utópicas e cuja força pudesse ser aumentada envolvendo-a em mistério.

Os membros do grupo teriam o hábito de circular seus escritos entre si e um dos documentos que provavelmente discutiram foi a imaginativa fantasia de Andreae, *Casamento Químico*, que ele afirmou em sua autobiografia, *Vita ab ipso Conscripta*, ter sido escrito por volta de 1605, quando era um moço de dezenove anos. É possível que, ao ler de novo *Casamento Químico*, Andreae e seus amigos tenham tido a idéia de tomar o narrador, Christian Rosenkreuz, e fazer dele o criador místico de uma fraternidade com seu nome, cujas metas e doutrinas incorporariam todas as principais idéias, ideais e teorias proféticas dos pansofistas. Divulgando manifestos da fraternidade, seriam capazes de influenciar em toda a Europa pessoas que falavam a mesma linguagem. Mas por que permaneceram silenciosos diante daqueles que pediam para aderir? Talvez tenham de fato respondido a alguns poucos escolhidos, mas suas respostas não foram registradas. Ou talvez nunca tenham pretendido responder, mas meramente atuar como catalisador sobre o pensamento de seu tempo. Certamente, seu silêncio ajudou a intensificar o mistério em torno da fraternidade rosacrucianista e contribuiu para a extraordinária vitalidade que ela ainda possui. Mistério é um poderoso ímã, como veremos quando examinarmos a história posterior do Rosacrucianismo.

Entretanto, devemos analisar mais pormenorizadamente o conteúdo do *Fama* e do *Confessio*. Recapitulando a história contada nesses documentos, vemos que eles fazem um relato sobre um homem chamado Christian Rosenkreuz, que viajou pelo Oriente Médio coligindo conhecimento ocultista, regressou à Alemanha para estabelecer uma fraternidade secreta e viveu até 106 anos de idade. Cento e vinte anos depois de seu sepultamento, contam-nos, sua cripta foi descoberta por um dos irmãos, tendo sido esse o sinal para que a fraternidade se anunciasse e convidasse os eruditos da Europa a aderir. Somos informados de que os irmãos têm a chave do conhecimento secreto que transformará milagrosamente a sociedade e criará uma nova era, na qual, para citar o *Confessio*, "o mundo despertará de seu pesado e letárgico sono e, de coração aberto, cabeça descoberta e pés descalços, saudará alegre e jovialmente o novo Sol nascente".

Isto é uma clara referência à idéia joachita da próxima idade de ouro, que desempenhou papel tão proeminente nas doutrinas proféticas discutidas no capítulo anterior. Mas outras referências tornam perfeitamente claro que os autores do manifesto falam com voz alemã e que a transformação inicial é vista como ocorrendo em solo alemão. Portanto, não achamos surpreendente que os manifestos tenham saído do mesmo meio que a Fruchtbringende Gessellschaft.

A história de Christian Rosenkreuz é contada, não em termos vagos, mas com abundância de pormenores interessantes. Conta-se, por exemplo, que ele partiu para Jerusalém com um companheiro que morreu em Chipre. O relato acentua também especialmente que Paracelso não era membro da fraternidade, embora trabalhasse com o mesmo espírito. Outro detalhe curioso é que todos os primeiros membros da fraternidade que se identificavam por suas iniciais eram alemães, exceto "J.A."

Naquele tempo trabalhavam na Alemanha muitos médicos paracelsistas. De fato, quase toda corte principesca empregava um deles. Esses homens, impregnados de alquimia, haviam viajado muitas vezes ao

Oriente Médio para aumentar seu conhecimento e é possível que um deles tenha servido de modelo a Christian Rosenkreuz. O nome, porém, é sem dúvida imaginário, incorporando um jogo de palavras com a rosa e a cruz, que serviam de motivo ao brasão de Andreae, juntamente com a palavra "Christian", que indica o ponto de vista religioso dos manifestos. Outros detalhes dos manifestos são também claramente imaginários, como a descoberta da cripta com seu sol artificial.

O círculo de Tübingen, do qual surgiram os manifestos, era composto de homens que desejavam e esperavam a idade de ouro prevista por Joachim de Fiore. Viam essa idade de ouro como iniciada primeiro no solo alemão e sob a bandeira do Protestantismo, mas um novo e revigorado Protestantismo. Acreditavam igualmente que aqueles que preparariam a nova idade seriam homens de instrução, iluminados pela luz oculta da sabedoria hermética, mas não iludidos pelos falsos alquimistas e outros embusteiros. Os manifestos podem, por isso, ser considerados uma espécie de parábola, para inspirar aqueles que compreendiam a linguagem simbólica em que estavam escritos e estimular os não-iniciados a pôr-se em busca da verdadeira sabedoria.

A linguagem dos manifestos reflete em muitos sentidos aquela da *Naometria*. No Capítulo Cinco do *Confessio*, por exemplo, declara-se que o Papa "será esfolado em pedaços com pregos e um fim será dado a seu grito de asno pela nova voz de um leão rugidor". E no Capítulo Dez é dito ao leitor: "Mas não devemos deixar de mencionar que existem algumas penas de águia que permanecem em nosso caminho e nos embaraçam". Possível explicação para a referência ao leão e às penas de águia é encontrada no desenho da "Jerusalém Mística e Cidade do Sol ou Templo de Deus", de Simon Studion. Aqui vemos as quatro criaturas da visão de Ezequiel retratadas nas quatro paredes da Jerusalém simbólica. Isso parece ser uma modificação do plano tríplice de Joachim. Cada parede parece representar uma das quatro épocas. As partes superior e inferior dessas paredes e os pilares intercalados estão divididos em seções, que representam subdivisões das épocas. Studion dá a essas subdivisões o nome de "horas" e cada uma delas é dividida até em noventa anos. A última data mostrada na base da coluna que assinala a beirada direita da parede da Águia é 1620. Isso significa que para Studion o ano de 1620 assinalava o fim do reinado da Águia e o início do reinado do Leão.

Possivelmente não é coincidência o fato de 1620 ter sido um ano fatídico na história alemã. Foi o ano em que o monarca protestante, Frederico V, do Palatinado, cujo animal heráldico era o leão, aceitou o trono boêmio em desafio aos Habsburgos católicos. Talvez ele tenha feito isso na crença de que estava ingressando em uma nova idade. Mas o resultado foi a derrota de Frederico na Batalha da Montanha Branca e um grave revés para a causa protestante na Europa.

As criaturas simbólicas de Ezequiel aparecem também no *Casamento Químico*, na descrição do quinto dia. O narrador é levado a um tesouro subterrâneo onde vê "um pequeno altar, sustentado por uma águia, um boi e um leão, que estavam sobre uma base extremamente cara". A figura de um anjo no altar completa o quaternário. Existem outros pontos de similaridade entre os documentos rosacrucianistas e a *Naometria*. No *Fama* declara-se que a tumba de Christian Rosenkreuz esteve fechada durante 120 anos e na *Naometria* significação especial é a dada ao número 120.

É importante também mencionar os documentos que foram impressos e encadernados nas primeiras edições do *Fama* e do *Confessio*. Quando apareceu pela primeira vez em 1614, o *Fama* estava acompanhado no mesmo volume por um trabalho intitulado *Allgemeine und General Reformation, der gantzen weiten Welt* (A Reforma Geral e Universal de Todo o Largo Mundo). Este é um extrato da sátira alegórica do escritor italiano Trajano Boccalini, *Ragguagli di Parnasso* (Notícias do Parnaso), na qual o autor imagina diversos personagens históricos e contemporâneos apresentando queixas sobre o estado de coisas a Apolo no Parnaso. O autor, embora católico, torna claro que é fortemente favorável à tolerância religiosa e, de maneira interessante, demonstra por Henrique IV da França, anteriormente Henrique de Navarra, a mesma admiração que Simon Studion demonstrou.

No extrato da obra de Boccalini impresso com o *Fama*, é descrita uma cena na qual Apolo aconselha-se com seus magos sobre a melhor maneira de iniciar uma reforma geral do mundo. Uma a uma, porém, todas as sugestões mostram-se inúteis e finalmente é abandonada a tentativa de encontrar uma fórmula para a reforma. Um dos sábios, Sólon, observa que o mundo precisa, não tanto de reforma da sociedade, quanto de mais amor humano, caridade e afeição.

Com toda probabilidade, foram os amigos de Andreae, Wense e Adami, que trouxeram o trabalho de Boccalini da Itália e apresentaram-no a Andreae. Talvez tenham sido eles que lhe sugeriram sua publicação junto com o *Fama*. Andreae pode ter raciocinado que publicando o *Fama* com a *Reforma Geral* poderia acentuar que uma reforma interior na mente e no coração dos homens deveria preceder qualquer reforma externa e que o relato feito no *Fama* precisava ser visto sob essa luz.

Outro documento importante ligado ao *Fama* é uma carta em resposta ao manifesto, escrita por Adão Haselmayer, Notário Público do arquiduque Maximiliano, que a escreveu em Heyligen Creutz, perto de Hall, no Tirol. Esta carta foi impressa pela primeira vez em 1612, quando o *Fama* ainda circulava em manuscrito, e apareceu novamente como inclusão na primeira edição impressa do *Fama*, que continha também um prefácio referindo-se a Haselmayer na seguinte passagem:

> E se alguns sustentaram que aquilo que se segue e é publicado a respeito da Fraternidade da Rosenkreutz é mero exercício filosófico e não história verdadeira, outros dirão novamente: "Os jesuítas caçarão alguém por isto", como aconteceu a Adão Haselmayer, *Publicus Notarius* de Sua Alteza Serena, o Arquiduque Maximiliano, cuja resposta à Fraternidade da R.C. é impressa aqui, não sem razão. E porque esse Haselmayer disse "Vinde, então, ó, vinde, homens altamente iluminados, vinde queridas almas verdadeiras, jesuítas que não enganam", assim concluíram os jesuítas: "Ora, se os Irmãos da R.C. são os jesuítas que não enganam, segue-se que nós somos os jesuítas que enganam" e aqueles furiosos jesuítas fizeram com que este Cristão Haselmayer fosse agarrado pela cabeça e posto sob ferros nas galés.[2]

A carta de Haselmayer é extremamente interessante, pois ele vê a fraternidade rosacrucianista realizando certas profecias, como a da vinda de "Elias, o Artista", que mencionei no capítulo anterior, e difundindo o verdadeiro ensinamento de Paracelso. Em outras palavras, a carta destaca o papel do Rosacrucianismo na tradição pansófica.

Voltando ao *Confessio*, a primeira edição deste manifesto, publicada em 1615, continha um texto de certo Filipe a Gabella, intitulado *Breve Condensação da Mais Secreta Filosofia*, baseado de perto no *Monas Hieroglyphica* do mago inglês John Dee, referente às propriedades místicas e científicas do signo da mônada, que se assemelha ao símbolo do planeta Mercúrio. Gabella, que substituiu a palavra "monas" por "stella", cita extensivamente o trabalho de Dee. O símbolo da "mônada" aparece também quase no início do *Casamento Químico*. Dee, que combinou as características de cientista, mago hermético e defensor de tolerância religiosa, era a espécie de pessoa que, na opinião rosacrucianista, constituiria a liderança da nova era. Não é surpreendente, portanto, descobrir que seu trabalho influenciou os manifestos.[3]

Quando *Confessio* apareceu, Andreae já estava bem estabelecido em seu posto pastoral em Vaihingen. A essa altura, havia também abandonado quaisquer idéias que pudesse ter sobre participação ativa em reforma social. Mas ainda estava interessado em promover mudança na mente dos homens e, desde que pudesse permanecer no plano de fundo, estava disposto a permitir a publicação dos manuscritos que escrevera e/ou ajudara a escrever.

Mas as coisas não saíram exatamente como ele gostaria que tivessem saído. Apesar da inclusão da sátira de Boccalini com o *Fama*, as pessoas ainda estavam inclinadas a tomar em sentido literal a fraternidade rosacrucianista. Conseqüentemente, Andreae pode ter decidido em 1616 que o tempo estava maduro para a publicação de uma obra que estabelecesse finalmente o caráter mitológico da história rosacrucianista. Por isso, publicou anonimamente o *Casamento Químico* e assim fechou o círculo. O trabalho que originariamente inspirara a idéia de uma fraternidade rosacrucianista era agora publicado para mostrar que a fraternidade era um mito (isto é, naturalmente, uma especulação, mas oferece uma explicação plaúsivel para a publicação do trabalho por Andreae depois de tão longo intervalo). O público leitor continuou, porém, a acreditar que existia uma verdadeira fraternidade rosacrucianista e finalmente Andreae foi obrigado a pôr as coisas em linguagem clara. "Em vão esperais pela vinda da Fraternidade", como escreve em *Turris Babel*. É sua maneira de dizer às pessoas que elas entenderam mal a mensagem dos manifestos e que a fraternidade descrita deve ser encarada como de mente e espírito.

O papel de Andreae em todo o caso rosacrucianista está ainda envolto em dúvida. Eu fiz um possível relato de seu envolvimento. A conclusões totalmente diferentes das minhas chega John Warwick Montgomery, em seu fascinante estudo sobre Andreae, *Cross and Crucible* (1973). Escrevendo do ponto de vista de teólogo protestante, Montgomery afirma que Andreae foi sempre hostil ao Rosacrucianismo e escreveu o *Casamento Químico* para "cristianizar" a figura de Rosenkreuz. Montgomery lança, porém, uma luz valiosa sobre o papel desempenhado pelo amigo de Andreae, Tobias Hess, paracelsista e fervoroso discípulo de Simon Studion. Talvez Hess, e não Andreae, tenha sido o principal arquiteto dos manifestos. Qualquer que seja a verdade a respeito do assunto, o contínuo mistério do papel de Andreae é parte do enigma em que vicejou o Rosacrucianismo.

Tem-se pensado geralmente que a primeira fase da fraternidade rosacrucianista terminou logo depois do início da Guerra dos Trinta Anos, em 1618, e que os movimentos rosacrucianistas posteriores foram renascimentos artificiais, com início completamente novo. Contudo, se aceitarmos a ligação entre a ordem rosacrucianista e a Unzertrennlichen, veremos a possibilidade de uma atividade rosacrucianista contínua prosseguida durante todo o século XVII e ligando-se aos rosacrucianistas do século XVIII. Em 1680, uma loja da Unzertrennlichen foi fundada em Halle com o nome de *Sincera Confoederatio* e essa loja recrutou numerosos membros entre os acadêmicos da Universidade de Halle. Ao mesmo tempo, juntaram-se a ela duas outras sociedades semelhantes da cidade, a Sincera Fraternitatis e a Reverenda Confoederatio. Esse ambiente de Halle desempenharia, como veremos, importante papel na segunda fase do Rosacrucianismo. Enquanto isso, porém, um grosso acréscimo de mitologia estava crescendo em volta do movimento rosacrucianista. Devemos agora voltar os olhos para o crescimento dessa mitologia na Alemanha e no estrangeiro.

4

As conseqüências dos manifestos

A idéia rosacrucianista, como é apresentada no *Fama* e no *Confessio*, pode ser considerada um embrião que, nos anos imediatamente posteriores à publicação dos manifestos, começou a crescer e manifestar traços surpreendentes. A maneira como esse organismo se desenvolveria em sua forma madura foi determinada em grande parte por aqueles que saltaram em defesa da fraternidade no entusiasmo que se seguiu aos manifestos.

Esse entusiasmo tomou a forma de uma série de polêmicas escritas, em que a fraternidade foi atacada e defendida. Os defensores eram, sem exceção, protestantes, como se poderia esperar do tom antipapal do *Fama*. Mas, surpreendentemente, seus atacantes também eram na maioria protestantes e só dois católicos se apresentaram em impressos contra os irmãos. Um deles foi o autor anônimo de *Einwurff und Schreiben auf der Würdigen Brüderschaft dess Rosen-Creutzes ausgegangene Fama, Confessio und Reformation* (Objeção ao *Fama*, *Confessio* e *Reforma*, lançados pela digna Fraternidade da Rosa Cruz), publicado em Frankfurt, em 1617. O outro foi S. Mundus Christophori, autor de *Speck auff der Fall* (Toucinho na armadilha), publicado em Ingolstadt em 1618, e *Rosae Crucis Thrasonico-Mendax* (1619). Este ponto é importante, pois mostra que os católicos pareceram relativamente indiferentes ao movimento. Mas o fato de dois deles atacarem-no faz parecer improvável que a fraternidade rosacrucianista fosse uma ordem católica, como sugeriram certos autores. Ainda assim, é provável que alguns católicos, como o convertido Besold, sentissem simpatia pelos objetivos e ideais gerais do movimento.

O impressionante na facção favorável ao Rosacrucianismo é a maneira como começou a transformar a idéia rosacrucianista e introduzir elementos novos. Nas mãos de Julius Sperber, por exemplo, autor de *Echo der von Gott hocherleuchteten Fraternitet* (Eco da Fraternidade iluminada por Deus, Danzig, 1615), a filosofia transmitida por Christian Rosenkreuz torna-se uma antiga doutrina secreta datando dos primeiros tempos bíblicos. Depois da Queda, sustenta Sperber, Adão conservou na memória algo da sabedoria divina que conhecera anteriormente. Essa sabedoria foi incorporada em um ensinamento que, através de Noé e dos patriarcas, se transmitiu a Zoroastro, aos caldeus, persas e egípcios, tendo sido preservada na Cabala Judaica. Uma nova época iniciou-se com Cristo, que mostrou a todos os homens o caminho da bem-aventurança eterna, mas reservou para os poucos escolhidos o conhecimento do caminho da sabedoria divina. Posteriormente, essa sabedoria foi quase perdida, exceto em mãos pagãs; mas alguns poucos, muito poucos, cristãos descobriram-na. Entre eles incluem-se, de acordo com Sperber, Cornelius Agrippa, Johannes Reuchlin, Marsilio Ficino, Pico della Mirandola e Aegidius Guttman. Sperber considera os rosacrucianistas herdeiros dessa sabedoria.

Outro elemento novo que começou a introduzir-se no Rosacrucianismo foi a preocupação com alquimia. O *Fama*, é verdade, menciona alquimia e ataca os falsos fabricantes de ouro, e o *Casamento Químico* está cheio de imagens alquímicas. Apesar disso, a alquimia não era parte integrante do Rosacrucianismo original. Alguns dos apologistas do Rosacrucianismo começaram então a reivindicar o segredo da transmutação como propriedade da fraternidade. Outros avançaram a idéia de que a transmutação era espiritual e não física. Um autor que adotou esta última posição foi Julianus de Campis, em seu *Sendbrieff* (Frankfurt, 1615). De Campis (que provavelmente era Sperber, escrevendo sob pseudônimo) declara: "nosso material é do espírito e não do corpo". Afirma também que ele próprio pertence à fraternidade.

O mesmo ponto de vista a respeito da alquimia é expressado por Radtichs Brotoffer, autor de *Elucidarious Major* (Lüneberg, 1617), o qual afirma que *Fama*, *Confessio* e *Casamento Químico* são escritos alquímicos alegóricos. Cita uma passagem de *Casamento Químico*, na qual a busca do ouro é condenada como causa dos males do mundo; interpreta isso como significando que a Pedra Filosofal não será encontrada em metal.

Um homem, acima de todos, foi responsável pela aposição de um selo alquímico no Rosacrucianismo. Foi Michael Maier (1568 -1622), o mais proeminente médico alquimista na Alemanha depois de Paracelso. Maier nasceu em Rendsburg, no Holstein, e, depois de formar-se em medicina em Rostock, seguiu para Praga e ingressou no serviço do Imperador Rodolfo II, que o contratou como seu médico pessoal. Depois da morte de Rodolfo, em 1612, Maier visitou a Inglaterra, onde conheceu, entre outros, Sir William Paddy, que era médico de Jaime I e a quem dedicou seu livro *Arcana Arcanissima*. É também muito provável que tenha conhecido Robert Fludd, alquimista e filósofo hermético.

Maier conheceu também o próprio rei Jaime. Certamente esteve em contato com o rei, como prova um documento muito curioso ligando Jaime à fraternidade rosacrucianista. Este documento, que está agora no Scottish Record Office, em Edinburgo,[1] é uma mensagem de cumprimentos de Natal enviada por Maier a Jaime em 1612. É um pedaço de pergaminho com cerca de três pés por dois, coberto com fragmentos de verso e mensagens de adulação, sendo certamente um dos mais antigos e maiores cartões de Natal existentes. O que o torna notável no presente contexto é, porém, o fato de haver no centro do pergaminho uma rosa com oito pétalas formando o ponto focal de todo o arranjo. O pecíolo e a base sobre a qual ele repousa são feitos de palavras e há mais palavras sobre as pétalas e em volta delas, todas em latim. Formando as oito divisões entre as pétalas (possivelmente como uma espécie de cruz de oito braços), há uma mensagem que pode ser grosseiramente traduzida assim: "Cumprimentos a Jaime, por longo tempo Rei da Grã-Bretanha. Por vossa verdadeira proteção, que a rosa possa ser feliz".

Essa mensagem foi enviada no ano do primeiro manuscrito registrado do *Fama* e dois anos antes de seu aparecimento impresso como primeiro dos manifestos. Contudo, vemos aqui Maier, em 1612, dirigindo-se ao rei Jaime em termos que sugerem a existência na Grã-Bretanha de um tipo de movimento rosacrucianista, do qual Jaime era aparentemente considerado protetor. Embora Jaime fosse violento adversário da feitiçaria, provavelmente não deixava de ter simpatia pela tradição hermética e certamente tinha amigos entre os alquimistas. Não é impossível, portanto, que um tipo de círculo rosacrucianista, interessado em alquimia e idéias herméticas e considerando Jaime seu patrono, tenha existido na Grã-Bretanha nos estágios muito iniciais do movimento. Assim, o documento pode ser considerado um exemplo muito antigo do emprego da rosa (com ou sem a cruz) como uma espécie de distintivo de reconhecimento entre pessoas de interesses herméticos.

Voltando à carreira de Michael Maier, em 1619 ele se tornou médico do Landgrave Moritz de Hesse, mas logo depois estabeleceu-se para praticar medicina em Magdeburgo, onde morreu em 1622. Durante toda sua vida foi luterano devoto e conta-se que era uma pessoa caridosa e altruísta.

Ao contrário de Campis e Brotoffer, Maier acreditava que a fraternidade rosacrucianista tinha o segredo da produção de ouro material. O segredo, sustentou ele em *Silentium post Clamores* (Frankfurt), pertencia a civilizações anteriores e fora transmitido verbalmente. Os eleusianos, por exemplo, "estavam muito familiarizados com a arte de fazer ouro que a preservaram e praticaram tão secretamente a ponto de ninguém ter aprendido o nome do processo". Como Sperber, Maier considerava os rosacrucianistas beneficiários de uma antiga tradição secreta.

Maier escreve sobre os rosacrucianistas em muitas de suas obras, tendo sido sua última defesa da fraternidade a obra *Themis Aurea* (Frankfurt, 1618), no qual descreve os irmãos como médicos e químicos trabalhadores, dedicados ao estudo da natureza e à promoção de um mundo reformado. Os irmãos rosacrucianistas, escreve ele, "sempre tiveram um deles como chefe e governador, ao qual são obedientes. Possuem a verdadeira astronomia, a verdadeira física, matemática, medicina e química, com as quais são capazes de produzir resultados raros e maravilhosos. São muito laboriosos, frugais, moderados, secretos e leais".

A respeito do local de reunião da fraternidade, Maier diz misteriosamente: "Não podemos estabelecer os lugares onde eles se reúnem, nem o tempo. Eu às vezes observei Olympick Houses, não longe de um rio, e conheço uma cidade que pensamos chamar-se S. Spiritus – quero dizer Helicon ou Parnaso, na qual Pégaso abriu uma fonte de águas transbordantes onde se lavou Diana, de quem Vênus foi criada e Saturno porteiro. Eles instruirão suficientemente um leitor inteligente, porém confundirão mais o ignorante".

Resumindo a contribuição de Maier ao movimento: ele não lança luz sobre a fraternidade propriamente dita, mas sua poderosa defesa do Rosacrucianismo estabeleceu-o firmemente como objeto de interesse para mentes sérias. Reforçou muito também, como já disse, a ligação alquímica.

Chegamos agora ao mais estranho participante de todo o furor rosacrucianista, que escreve sob o nome de Irenaeus Agnostus e que se alterna de maneira extraordinária entre ataque à fraternidade e sua defesa. Pensou-se durante algum tempo que essa figura misteriosa fosse o próprio Andreae, escrevendo sob pseudônimo, mas sabe-se agora que Agnostus era de fato Friedrich Grick, professor particular em Altdorf, perto de Nuremberg. É provável que tenha escrito também sob vários outros pseudônimos, como Johannes Procopius, Menapius, Georgius Odaxus, Franziskus Gometz e Gentdorp.

Em alguns de seus pronunciamentos, Agnostus fala como se ele próprio fosse um dos irmãos. Em *Tintinabulum Sophorum* (Nuremberg, 1619), escreve sobre "nosso" *Fama* e "nossa" fraternidade. "Está próximo o tempo", anuncia ele, "em que revelaremos com voz clara aquilo que no presente é mantido secreto e o tornaremos conhecido de todos os homens." No que tange à questão de alquimia, Agnostus assegura a seus leitores que a fraternidade pode conferir saúde tanto no corpo quanto na alma. Em seu *Thesaurus Fidei* (1619), menciona a produção de ouro, tornando claro que se refere a ouro de amor cristão. Mas em *Fortalitum Scientiae* (Nuremberg, 1617) declara sua crença na Pedra Filosofal e diz que ele próprio fez experiências nesse sentido. Em *Fons Gratiae* (Nuremberg, 1619) remete seus leitores a *Themis Aurea*, de Maier, onde é possível encontrar elementos sobre a arte de curar dos rosacrucianistas.

Mas assim como defende os rosacrucianistas, há em Agnostus passagens nas quais os ataca e ridiculariza. Estas passagens estão às vezes misturadas com as passagens de defesa e às vezes ligadas a elas. Por exemplo, em um trecho de *Tintinabulum Sophorum*, ele descreve *Fama* como obra de embuste e falsidade. E, em *Fortalitum Scientiae*, inclui várias fórmulas alquímicas absurdas com espírito de zombaria. Em *Regula Vitae* (1619) ataca o apologista do Rosacrucianismo, Theophilus Schweighart, chamando-o de "morcego rosacrucianista" e acusando-o de ter publicado escritos falsos em nome da fraternidade.

Assim, ler Agnostus é ter a impressão de estar diante de um embusteiro que mostra duas caras. Além disso, o leitor acha difícil saber qual é a cara real e qual é a máscara.

Há, porém, um fio de coerência estendendo-se por todos os escritos de Agnostus. O autor defende o Luteranismo e ataca a Igreja Romana, parecendo nessas passagens falar com voz sincera. Ademais, nunca ataca as idéias básicas e os elementos cristãos de *Fama* e *Confessio*. Apenas faz zombaria quando fala de tendências astrológicas e alquímicas ou quando se refere àqueles que acreditam na existência real da fraternidade.

Muita luz é lançada sobre a verdadeira posição de Agnostus/Grick pela correspondência entre ele e Justus Cornelius, que é discutida pormenorizadamente em *Das ältere Rosenkreuzertum*,[2] de Schick. Em resposta à indagação de Cornelius sobre o autor de *Fama* e *Confessio*, Grick escreve:

> O primeiro autor de *Fama* e *Confessio* R. C. é um grande homem e deseja particularmente permanecer oculto por algum tempo. Desejava, porém, apenas conhecer as opiniões das pessoas e destas experimentou muitas espécies.

Em outro lugar, Grick diz:

> O autor de *Fama* e *Confessio* é um homem grande e ilustre que inicialmente tomei por louco ou inovador caprichoso; por essa razão, pus-me contra ele e escrevi *Fortalitum Scientiae*, mas quando meus primeiros escritos viram a luz eu fiquei sabendo que escrevera uma tragédia com palavras jocosas e, pelo menos entre os curiosos, provocara julgamento e condenação.

As obras posteriores de Grick, segundo declara ele, foram escritas não contra o autor dos manifestos, mas contra os impostores que faziam uso do furor rosacrucianista para seus próprios fins.

Isto mostra claramente por que Grick primeiro atacou o autor de *Fama* e depois tornou-se mais simpático a ele e voltou seu ataque contra as pessoas tolas que procuravam na fraternidade maravilhas alquímicas e coisas semelhantes. Grick deve ter estado próximo do círculo de Andreae, caso contrário não teria sabido quem era o autor de *Fama*. Evidentemente não levou muito a sério o projeto de Andreae e tentou combater o *Fama* com uma saudável dose de sarcasmo. Mas quando viu que apenas ativara as chamas da controvérsia, começou a compreender o método por trás da loucura de Andreae. Sendo homem altamente educado e muito viajado, sentiu simpatia pelas idéias de fraternidade, esclarecimento e reforma mundial, percebendo então que o método de Andreae transmitir essas coisas era eficaz, desde que os crédulos pudessem ser conservados em seus lugares. A partir de então continuou seu jogo, mas dirigiu suas farpas contra os tolos e não contra os verdadeiros rosacrucianistas.

A esta altura estamos começando a ver a emergência do que poderia ser chamado tipo rosacrucianista de mentalidade, uma mentalidade impregnada da tradição Hermética/Cabalística, à procura de sabedoria oculta e preparada para longas viagens a fim de encontrá-la. O epítome da espécie de mentalidade é Joachim Morsius (1593-1643), que nasceu em Hamburgo e estudou na Universidade de Rostock, onde se dedicou primeiro à teologia e depois a humanidades. Interessou-se logo por matérias esotéricas e alquimia foi uma das coisas que estudou bastante. Ansiava por reputação internacional como erudito e, em busca disso, fez uma longa série de viagens a países estrangeiros, inclusive à Inglaterra, onde recebeu o diploma de Mestre em Artes em Cambridge, em 1619. Além de produzir numerosos trabalhos, também editou e publicou muitos documentos de natureza alquímica ou filosófica. Em suas viagens e em suas atividades editoriais, consumiu sua herança e ficou preso por dívidas durante quatro anos em Hamburgo. Só foi libertado por intercessão do rei da Dinamarca.

Morsius conseguiu conquistar grande reputação entre os eruditos e os patronos da ciência, mas não se beneficiou de qualquer reconhecimento sólido ou permanente. Sua mente era muito inquieta e esquiva, sendo característico dele o fato de haver passado tanto tempo de sua vida à procura da verdadeira sabedoria rosacrucianista.

Atraído quando jovem pelos manifestos, escreveu a costumeira carta pedindo para aderir à ordem, mas, como os outros candidatos, não recebeu resposta. Desiludido a princípio por essa experiência, posteriormente escreveu defendendo o segredo da fraternidade em *Theosophi Eximii* (Frankfurt, 1619). Mais tarde, conheceu Andreae, que visitou em Calw em 1629. Não sabemos qual foi o resultado do encontro, mas evidentemente Andreae não o decepcionou a respeito da fraternidade, pois ele continuou a procurar a sabedoria rosacrucianista. Seu amigo, o médico e alquimista paracelsista Balthasar Walter, assegurou-lhe que só Jacob Boehme conhecia realmente as doutrinas rosacrucianistas e Morsius escreveu ao grande místico de Görlitz na esperança de ser esclarecido. Contudo, Boehme, quando respondeu, não falou na reforma rosacrucianista, mas falou na verdadeira reforma em Cristo. Em seguida, Morsius foi à Suécia falar com o pansofista Johann Buraeus a respeito de seu livro *Buccina veteris Jubilei*. Depois de vaguear mais algum tempo, morreu em Gottorp, no Holstein, em 1643.

Schick vê em Morsius a encarnação do tipo rosacrucianista, "procurando caminhos secretos para alcançar o superior conhecimento de mundos ocultos, desvendar os mistérios últimos e sobre a própria base das coisas criar uma nova era".[3] Talvez tenha falhado em sua busca, mas o sonho continuaria a ser alimentado em outras mentes.

5

A difusão do Rosacrucianismo

A idéia rosacrucianista não demorou para difundir-se a partir de sua terra natal, na Alemanha. Cada vez mais, onde quer que encontremos grupos de pessoas interessadas na tradição Hermética-Cabalística, podemos esperar que Christian Rosenkreuz e sua fraternidade entrem na discussão.

Na Inglaterra, a tradição hermética era conhecida por um círculo relativamente pequeno. John Dee foi um dos principais expoentes e, como vimos, suas idéias podem ter influenciado o movimento rosacrucianista. Outro eminente inglês cujo nome esteve ligado aos rosacrucianistas é Francis Bacon (1561-1626), filósofo e estadista. Aos olhos modernos, Bacon apresenta algo de uma figura sinistra. Em sua vida pública, seguiu uma política de impiedoso oportunismo, conquistando vários cargos importantes e elevando-se ao pariato, como Lorde Verulam e depois Visconde St. Albans. Sua queda ocorreu quando, como Lorde Chanceler, foi condenado por receber subornos e banido do Parlamento e da corte. Cinco anos mais tarde teve um bizarro fim. Quando passava por Highgate, parou para rechear uma ave com neve a fim de observar os efeitos do frio na preservação da carne. Na ocasião, apanhou um resfriado e morreu alguns dias depois na casa de um amigo situada nas vizinhanças.

Em seus escritos, Bacon mostra ideais que têm certa semelhança com aqueles expressados nos manifestos rosacrucianistas. Em *The Ad-*

vancement of Learning (1605), por exemplo, encontramos a seguinte passagem:

> Tão certo quanto a natureza criou fraternidade em famílias, quanto artes mecânicas formam fraternidade em comunidades e quanto a unção de Deus superintende uma fraternidade de reis e bispos, na cultura não pode deixar de haver uma fraternidade de cultura e iluminação, relacionada com aquela paternidade que é atribuída a Deus, o qual é chamado pai da iluminação ou das luzes.

Isso parece antecipar a idéia de fraternidade erudita proposta nos manifestos.

Mais impressionantes são os ecos rosacrucianistas em *New Atlantis*, obra de Bacon publicada postumamente, na qual ele descreve uma sociedade utópica descoberta por alguns marinheiros em uma terra até então desconhecida. É exibido aos marinheiros um pergaminho mostrando "um selo de asas de querubim, não abertas, mas pendendo para baixo, e ao lado delas uma cruz" – como o selo que aparece no final do *Fama* com o lema "À Sombra das Asas de Jeová". Os marinheiros são também visitados por um oficial que usa um turbante branco "com uma pequena cruz vermelha no topo". Intrigados pelo conhecimento que os novos atlântidas tinham do mundo exterior, é dito a eles que periodicamente são enviados viajantes da Nova Atlântida para misturar-se incógnitos com os habitantes dos países que visitavam – outro eco do *Fama*.

Como Frances Yates acentua em seu capítulo sobre Bacon em *The Rosicrucian Enlightenment*, essas semelhanças tornam claro que Bacon conhecia e fazia uso do *Fama* e do *Confessio*. Mas a ligação de Bacon com os rosacrucianistas foi exagerada até proporções extraordinárias por certas pessoas. F. W. C. Wigston, por exemplo, em *Bacon, Shakespeare and the Rosicrucians* (1888) e outras obras, afirma não apenas que Bacon foi o autor das peças de Shakespeare, mas que as próprias peças estão cheias de mensagens rosacrucianistas cifradas e sugestões de ter sido Bacon o verdadeiro autor. As palavras "porco pendurado", por exemplo, foram interpretadas por Wigston como um código de Bacon*. Entusiastas de Bacon sugeriram até mesmo que ele e Andreae,

* "Bacon" em inglês significa "toucinho defumado". (N. do T.)

autor do *Casamento Químico*, foram a mesma pessoa. Afirma-se que Bacon não morreu quando apanhou resfriado em Highgate Hill, mas posteriormente foi para a Alemanha e começou a escrever sob o nome de Andreae. Embora gravuras de Bacon e Andreae apresentem certa semelhança, é difícil harmonizar essa teoria com o fato de que, se ela fosse verdadêira, Bacon teria 133 anos de idade quando morreu – idade notável, mesmo que ele possuísse o elixir da vida rosacrucianista.

Outras afirmações não são tão extravagantes. Alguns membros da mesma escola de pensamento afirmam hoje que o pequeno círculo dedicado à cultura e à exclusão de companhia feminina, tão divertidamente retratado em *Love's Labour Lost*, pretende representar o ideal rosacrucianista. Parece improvável que haja ligação direta entre a peça e o movimento rosacrucianista (deixando de lado a afirmação de que Bacon foi o autor de ambos), pois a peça foi apresentada pela primeira vez em 1595, aproximadamente quinze anos antes que o *Fama* entrasse em circulação. Mas concebivelmente a idéia por trás de *Love's Labour Lost* veio da mesma tradição.

Voltando-nos de Bacon para outros escritores ingleses, uma ligação mais direta com o movimento rosacrucianista é encontrada nas obras de Robert Fludd (1574-1637). Filho de um "squire" do Kent, Fludd passou parte de sua mocidade viajando pelo exterior e durante esse período pode ter entrado em contato com alguns dos hermetistas continentais. Voltou para estudar medicina em Oxford, onde se diplomou em 1605. Em 1609 foi admitido como "Fellow" do College of Physicians, mas só depois de enfrentar alguma oposição devido a suas opiniões pouco ortodoxas e suas maneiras pessoais arrogantes.

Algum tempo depois de 1612, o alquimista alemão Michael Maier visitou a Inglaterra e, como eu disse no último capítulo, é provável que tenha conhecido Fludd. Talvez tenha sido esse encontro que estimulou o interesse de Fludd pelos manifestos rosacrucianistas. Seja como for, em 1616, Fludd produziu, como sua primeira obra publicada, um livro intitulado *Apologia Compendiaria Fraternitatem de Rosae Cruce suspicionis et infamiae maculis aspersam, veritatis quasi Fluctibus abluens et abstergens*. (Apologia Sucinta à Fraternidade da Rosa Cruz, salpicada pela lama da suspeita e infâmia, mas agora lavada com as águas da verdade – sendo a palavra *Fluctibus*, águas, um jogo de palavras com o nome do autor.) Foi publicado em 1616 e, como todos os seus escritos rosacrucianistas, era em latim.

Coisa interessante a respeito de Fludd é ter ele escolhido para seu importante trabalho editores continentais com interesses ocultistas. A *Apologia* e sua seqüência, *Tractatus Apologeticus* (Tratado Apologético da Integridade da Sociedade da Rosa Cruz, 1617), foram publicados por Godfrey Basson, em Leyden, na Holanda, e seu monumental tratado *Utriusque Cosmi Historia* (Duas partes: História do Macrocosmo, 1617-18, e História do Microcosmo, 1619) foi publicado pela firma de De Bry em Oppenheim, no Palatinado.

Um dos adversários de Fludd foi o monje francês Marin Mersenne (1588-1648), que, em um ataque publicado a todo o sistema de Fludd (*Questiones in Genesim*, Paris, 1623), atacou também o Rosacrucianismo. Nesse trabalho, Mersenne escreveu:

> Com diligência desejo advertir os juízes e com seriedade os príncipes, de que não devem deixar esses monstros de falsa opinião grassarem em sua esfera de influência. Pelo contrário, devem erradicar completamente esses irmãos do inferno, esses irmãos dos rosacrucianistas, que em quase todos os dias de mercado em Frankfurt introduzem seus escritos, fedendo à impiedade, falando sobre seu falso e misterioso Pai R. C. e sua caverna, apresentando-os perante o povo do mundo cristão. Pois é blasfêmia o que eles ensinam e eles próprios se mostram como herdeiros dos magos, cujas obras copiam, produzindo pouco eles próprios.[1]

Fludd respondeu em *Summum Bonum*, dizendo que Mersenne confundia os verdadeiros rosacrucianistas com os impostores que "enganam o povo todo dia com sua magia supersticiosa, astrologia simulada, fórmulas falsas de subquímica ou suas brincadeiras com uma enganosa cabala".[2]

Fludd prossegue dizendo que o lugar ou claustro da fraternidade – isto é, a Casa do Espírito Santo mencionada no *Fama* – não deve ser entendido em sentido literal. A Casa, diz ele, é uma morada espiritual assentada sobre a rocha que é Cristo. Cita o Apóstolo Paulo como tendo dito: "Sua habitação não foi feita pelas mãos de homens, mas nós temos um edifício espiritual no céu, que é a Casa da Sabedoria sobre o Monte da Razão, construída sobre a rocha espiritual".[3]

Da mesma maneira, a fraternidade rosacrucianista é uma fraternidade espiritual: "Se um parentesco", escreve Fludd, "é da carne e de homem, outro é espiritual e divino".

Mas Fludd também parece considerar os rosacrucianistas como uma fraternidade real, pois reproduz uma carta que afirma ter sido "escrita pelos irmãos rosacrucianistas e enviada a um candidato alemão", e que ele recebera "por intermédio de meu amigo em Danzig". A carta lança muito pouca luz sobre a fraternidade, concitando apenas o candidato a levar uma vida espiritual e esforçar-se para alcançar a perfeição.

Um ponto que vale a pena acentuar a respeito de Fludd é ter sido ele talvez maçom – ficou registrado que havia um Salão de Maçons perto de sua casa em Coleman Street, em Londres, e A.E. Waite pergunta se Fludd não poderia ter sido responsável pela introdução de um traço rosacrucianista na Maçonaria. Não temos a menor prova disso e é difícil estabelecer quando a Maçonaria e o Rosacrucianismo entraram em contato pela primeira vez. Talvez seja, porém, significativo que a primeira referência que temos ligando os dois é datada de 1638, um ano após a morte de Fludd. Aparece em *Muse's Threnodia*, de Henry Adamson, no qual se encontram estes versos:

For what we do pressage is not ingrosse,
For we be brethen of the Rosie Cross:
We have the Masons's word and secund sight,
Things for to come we can foretell aright.

Ha outra possível ligação entre Rosacrucianismo e Maçonaria através do velho discípulo de Andreae, o refugiado boêmio Comenius, que sonhou com uma Utopia esclarecida, semelhante àquela descrita por Andreae em *Christianopolis,* na qual ciência e religião floresciam e homens de todos os credos e raças eram respeitados. Comenius esteve na Inglaterra durante algum tempo, depois de 1641. Hans Schick diz a respeito dele: "Temos nele não apenas o intermediário entre o pai do pensamento rosacrucianista, J. V. Andreae, e aqueles que serviram como quadrinhos no nascimento da Maçonaria inglesa, como Hartlib, Dury e outros, mas também a ponte da ideologia rosacrucianista à Maçonaria organizada em geral. Ele recebeu a tocha de Andreae e levou-a às Ilhas Britânicas".[4]

Deve-se lembrar que Schick, por incumbência de Heinrich Himmler, escrevia um trabalho antimaçônico. Apesar disso, seu livro é de alto padrão cultural e talvez haja algo em sua sugestão. Ele acrescenta: "Se Comenius tinha alguma ligação pessoal com a Maçonaria inglesa não está estabelecido, mas seus amigos Hartlib, Dury, Haak, Pell, Selden e Wren estavam em contato com lojas maçônicas ou pertenciam a elas". Aqui Schick está em terreno mais instável e sua declaração a respeito dos amigos de Comenius é extremamente duvidosa. Wren, por exemplo, era quarenta anos mais novo que Comenius e não participou da fundação da Grande Loja de Londres senão em 1717.

Schick sugere também que Comenius e a corrente de pensamento por ele representada constituíram uma das influências por trás da formação da Royal Society, linha de pensamento mais tarde seguida também por Frances Yates. Robert Boyle, um dos mais ativos membros iniciais da Sociedade, refere-se em uma carta a um "Colégio Invisível" que às vezes freqüentava e que pode ter sido uma espécie de precursor da Royal Society. E John Wilkins, outro homem importante da Royal Society, conhecia a lenda rosacrucianista e refere-se a ela em seu *Mathematical Magick* (1648). Parece provável que a Royal Society, fundada em 1660, tenha sido uma tentativa de realizar em termos práticos os ideais rosacrucianistas de uma fraternidade de cultura e esclarecimento, que ajudaria a promover a espécie de Utopia visualizada por Bacon, Andreae, Comenius e outros.

A Royal Society não era, porém, o primeiro corpo a fazer essa tentativa. Exemplo muito mais antigo é encontrado na Alemanha em Joachim Jungius (1587-1657), matemático, médico e também importante precursor de Lineu na criação da botânica científica. Nascido em Lübeck, Jungius estudou medicina em Rostock e Pádua, e em seguida ocupou as cadeiras de matemática em Rostock e medicina em Helmstedt. Em 1628, tornou-se chefe do Gymnasium e Johanneum em Hamburgo. Conhecia Comenius por correspondência e entrou em contato com membros do círculo de Andreae quando estava em Rostock em 1618. Esteve estreitamente associado ao movimento rosacrucianista, pois numerosas pessoas, inclusive Leibniz, acreditavam ter sido ele o autor do *Fama*.

Em 1622, Jungius fundou em Rostock uma sociedade filosófica chamada *Societas ereunetica* ou *zetetica*, cujos objetivos são assim descritos: "Procurar a verdade a partir da razão e experiência, e prová-la quando for encontrada; ou livrar de sofisma todas as artes e ciências baseadas na razão e experiência, a fim de levá-las de volta a uma certeza demonstrável, propagá-las por meio de instrução correta e finalmente aumentá-las por meio de invenções felizes".[5]

Esta sociedade tornou-se uma realidade e entre seus membros estava Johann Adolph Tassius (1585-1654), amigo de Andreae. Desapareceu, porém, na confusão da Guerra dos Trinta Anos. Embora outros corpos semelhantes tenham existido na Itália, a *Societas ereunetica* pode ser descrita como a primeira academia do norte da Europa e o fato de ideais rosacrucianistas parecerem ter estado por trás dela acentua a importância do fenômeno rosacrucianista como força estimuladora. Embora a *Societas ereunetica* fosse mais escola do que a Royal Society, é possível que tenha servido de exemplo aos fundadores da última, que deviam certamente conhecê-la por intermédio de Comenius e outros.

A idéia rosacrucianista pode ser vista na Inglaterra em dois cursos diferentes que muitas vezes convergem. De um lado está o curso utópico representado por Comenius, que se interessava por ideais sociais, científicos e filosóficos. De outro lado esta o curso hermético-cabalístico-alquímico, que se interessava mais pelos aspectos ocultos do Rosacrucianismo.

Um representante do segundo curso é Thomas Vaughan (1622-66), que era irmão gêmeo do poeta religioso Henry Vaughan e pode ser considerado sucessor de Robert Fludd como principal apologista inglês do Rosacrucianismo. Em 1650, sob o nome de Eugenius Philalethes, ele publicou *Anthroposophia Theomagica*, dedicada ao "regenerado Irmão R. C." Esta parece ter sido a primeira apologia dos rosacrucianistas na língua inglesa, em oposição à língua latina. Vaughan publicou também, sob o mesmo pseudônimo, uma tradução em inglês de *Fama e Confissão da Fraternidade*, com um prefácio (1652).

Interessante luz é lançada sobre a atitude de Vaughan em relação ao Rosacrucianismo por outra obra, *Lumen de Lumine* (1651), na qual escreve como se fosse também um irmão rosacrucianista. Ridiculariza as pessoas que supõem "que nós as ensinaremos diretamente a fazer ouro por arte ou lhes forneceremos amplos tesouros, com os quais possam viver pomposamente na face do mundo". Vaughan prossegue descrevendo uma montanha "situada no meio da terra ou no centro do mundo, que é ao mesmo tempo pequena e grande. É mole, mas também dura e forte além de toda medida. Está distante e ao alcance da mão, mas pela providência de Deus é invisível. Nela estão ocultos os mais amplos tesouros, que o mundo não é capaz de avaliar". É claro que Vaughan se refere aqui à montanha que deve ser escalada em busca da realização espiritual. Mas nas obras de outros escritores – por exemplo, em *Geheime Figuren der Rosenkreuzer*, que eu focalizarei no próximo capítulo – uma montanha coberta de símbolos é usada como alegoria do processo alquímico. Isto indica que Rosacrucianismo e alquimia devem ser vistos como tendo um aspecto interno e outro externo. Este ponto também será discutido mais amplamente no próximo capítulo.

Vale a pena mencionar aqui as escaramuças literárias entre Vaughan e o grande platônico de Cambridge, Henry More (1614-87). Este escreveu sob o nome de Alazonomastix Philalethes e fez objeção ao uso de pseudônimo semelhante por Vaughan. Atacou Vaughan em *Obser-*

vations upon Anthroposophia Theomagica (1650) e Vaughan respondeu com *The Man Mouse taken in a trap and tortured to death for gnawing the margins of Eugenius Philalethes* (1650). More replicou com *The Second Lash of Alazonomastix* (1651), mas Vaughan teve a última palavra com *The Second Wash; or, the Moore, scour'd once more* (1651). More, diga-se de passagem, era amigo e correspondente do cabalista alemão Knorr von Rosenroth.

Vaughan evidentemente baseou sua tradução do *Fama* em uma versão manuscrita possuída pelo hermetista escocês Sir David Lindsay, Conde de Balcarres (1585-1641), cuja casa, Edzell Castle, em Angus, tinha um notável "Jardim dos Planetas", um terreno murado com painéis esculpidos representando as sete divindades planetárias, as sete artes liberais e as sete virtudes cardeais. Um artigo de Adam McLean sobre esse jardim e a família Lindsay apareceu em *The Hermetic Journal* (nº 4, verão de 1979). Sobre Sir David Lindsay, o autor escreve: "Ele teve ligações com o Rosacrucianismo na parte inicial do século XVII e existem ainda preservadas cópias manuscritas de sua própria mão desses cadernos de apontamentos alquímicos, que incluem a tradução do *Fama Fraternitatis*, o primeiro Manifesto Rosacrucianista. É interessante ter sido agora estabelecido que a primeira tradução impressa em inglês do *Fama*, em 1652, embora atribuída a Thomas Vaughan, é uma adaptação dessa tradução manuscrita mais antiga. Vaughan deve ter tido acesso ao manuscrito de Sir David Lindsay e baseou-se muito nele para sua tradução. Talvez o manuscrito de Sir David tenha circulado entre os adeptos alquímicos-rosacrucianistas durante as primeiras décadas do século XVIII ou será que pessoas como Vaughan realmente visitaram Edzel naquele tempo?"

A respeito do jardim, Adam McLean escreve:

> Podemos encontrar tecido em suas esculturas simbólicas algo refletindo a atmosfera que impregna o documento rosacrucianista, *O Casamento Químico de Christian Rosenkreutz*, uma alegoria de iniciação, da qual parte importante é a condução do herói ou candidato à presença de várias esculturas e outros itens rituais que ele precisa contemplar para absorver sua significação... Por isso, minha tese é que o Jardim dos Planetas de Edzell deve ser considerado um Templo de Mistério de começo do século XVII, relacionado com o renascimento hermético. Uma placa esculpida sobre a entrada traz a data de 1604 (muito provavelmente o ano de sua fundação) e, quando se lembra que Jaime VI, que tinha

grande interesse por aspectos do ocultismo e foi patrono deles, tornou-se Rei do Reino Unido da Escócia e Inglaterra em 1603, percebe-se que a construção desse Templo de Mistério não ocorreu em um vácuo, mas foi parte de um renascimento geral de interesse pelo hermetismo na sociedade daquele período. Edzell era possivelmente um local de instrução em filosofia hermética e alquímica, e pode ter sido um centro de atividade rosacrucianista.

Diante disso parece que a Escócia representou papel importante e possivelmente papel-chave no desenvolvimento inicial do Rosacrucianismo, sendo essa uma área que certamente merece maiores estudos.

Voltando à Inglaterra, outra importante figura interessada no Rosacrucianismo foi Elias Ashmole (1617-92), arqueólogo, historiador, alquimista e fundador do Ashmolean Museum em Oxford. O interesse de Asmole pela alquimia levou-o a reunir uma importante coleção de escritos alquímicos sob o título de *Theatrum Chemicum Britannicum* (1651). No prefácio dessa obra, ele faz a seguinte citação direta do *Fama*:

> E certamente aquela a quem todo o curso da natureza está aberto rejubila-se, não tanto por poder fazer ouro e prata ou por submeter a ele os demônios, quanto por ver os céus abertos, os anjos de Deus subindo e descendo, e por seu nome favoravelmente escrito no Livro da Vida.

Ashmole menciona também a muito citada história do *Fama*, segundo a qual um irmão rosacrucianista conhecido por "J. O." esteve na Inglaterra e "curou de lepra um jovem conde de Norfolk".

Mantendo a tradição rosacrucianista, Ashmole interessava-se pela busca da Pedra Filosofal. Seu diário, na data de 13 de maio de 1653, registra que seu professor de alquimia, William Backhouse, "estando doente em Fleetstreet, defronte da Igreja de St. Dunstan, e não sabendo se ia viver ou morrer, por volta das onze horas, contou-me em Sílabas a verdadeira natureza da Pedra Filosofal, que me deixou como Legado".[6] O editor do diário, C. H. Josten, acrescenta em nota de rodapé uma interessante e possível explicação para a referência a "Sílabas". "Existe um manuscrito alquímico anônimo na Bibliothèque Nationale, em Paris (Manuscript Français nº 12.335)... Data de fins do século XVII ou começo do século XVIII e contém, a fls. 89ᵛ-90, um capítulo intitulado "Sílabas Químicas". O autor do manuscrito explica que certas sílabas a serem derivadas dos sete sinais hieroglíficos, que ele colocou no início do capítulo, formarão "um mot significatif ou un charactère universel", revelando "le veritable nom e charactère de la matière première". (Uma palavra significativa ou um caráter universal revelando o verdadeiro nome e caráter da matéria primeira.) Backhouse, de fato, não morreu senão em 30 de maio de 1662.

Outro documento interessante é uma carta com sua caligrafia entre seus papéis na Biblioteca Bodleiana. Está em latim e é dirigida aos Irmãos da Rosa-Cruz, perguntando se o autor pode ter permissão para ingressar na sua fraternidade. Entre seus documentos há também traduções do *Fama* e do *Confessio* em sua própria letra e, em outro lugar entre seus papéis, existe o original do qual foram copiadas essas traduções. De maneira interessante, ela não é igual à versão de Thomas Vaughan.

Em vista do interesse despertado na Inglaterra pela questão rosacrucianista, é estranho que a primeira tradução do *Casamento Químico* não tenha sido publicada senão muito tempo depois das traduções do *Fama* e do *Confessio*. Seu tradutor foi Ezechiel Foxcroft (1633-76), outra figura curiosa, cuja curta vida seguiu um rumo interessante. Nascido em Londres, filho de um comerciante, ele foi para Eton e depois, aos dezesseis anos, para o King's College, em Cambridge, onde recebeu seu B.A. em 1652 e M.A. em 1656. Foi Fellow do King's em 1652-74 e Senior Proctor da Universidade em 1673-74.

Mas os interesses de Foxcroft não eram exclusivamente aqueles do acadêmico enclausurado. Ele foi um dos partidários de um curandeiro irlandês chamado Valentine Greatrakes, que veio à Inglaterra em 1666 e atraiu milhares de pessoas que procuravam ser curadas. Entre outros que apoiavam Greatrakes, estava o cientista Robert Boyle. Não sabemos se Greatrakes professava ser rosacrucianista, mas devemos lembrar que a cura era uma função primária da suposta fraternidade e talvez tenha sido uma ligação rosacrucianista que levou Foxcroft a apoiar Greatrakes.

Foxcroft foi quase certamente membro do círculo que girava em torno de Anne Finch, Viscondessa Conway. Lady Conway era uma mulher notável. Vítima de uma enxaqueca recorrente, procurava alívio no estudo de idéias esotéricas. Sua correspondência mostra-a como uma mulher jovem, escrevendo a seu sogro e aludindo aos "dois pilares" da "Craft Legend" (isto é, Maçonaria), "um de pedra, contra as inundações de água, o outro de tijolo, contra a fúria do fogo"[7] – linguagem que não era habitual em uma jovem do século XVII. Seu irmão, John Finch, fora discípulo do platônico de Cambridge, Henry More, e ela própria se tornou mais tarde amiga de More e encorajou-o a escrever seu trabalho cabalístico *Conjectura Cabalistica*. Foi também amiga do discípulo de More, Ralph Cudworth, e de outro membro do círculo de More, François Mercure van Helmont (1618-99), alquimista, cabalista e médico paracelsista, que a atendia como médico.

A casa dos Conway em Ragley, no Warwickshire, tornou-se um local de encontro daqueles interessados em estudos herméticos e correlatos: More, Cudworth, Greatrakes, van Helmont e outros. É possível que Thomas Vaughan também tenha visitado Ragley. Certamente Vaughan e suas traduções do *Fama* e do *Confessio* eram bem conhecidos do círculo e o Rosacrucianismo deve ter sido um dos assuntos mais vivamente discutidos. A tradução do *Casamento Químico*, de Foxcroft, provavelmente circulou entre eles sob a forma de manuscrito, mas não foi publicada senão em 1690, catorze anos após a morte do tradutor.

Voltando ao continente da Europa, encontramos os irmãos rosacrucianistas amplamente defendidos e atacados, elogiados e injuriados. Na Holanda, em particular, a questão rosacrucianista era calorosamente debatida. Há uma vaga informação sobre a existência em Haia, em 1622, de uma ordem rosacrucianista que se interessava por alquimia e fora fundada por certo Christian Rose. Diz-se que a ordem tinha outras assembléias em Amsterdam, Erfurt, Nuremberg, Hamburgo, Danzig, Mântua e Veneza (ver C. F. Nicolai, *EinigeBemerkungen über den Ursprung und die Geschichte der R. K. und F. M.*, Berlim e Stettin, 1806).

Informação mais concreta diz que, em 1625, a Corte de Justiça da província holandesa de Holland enviou numerosos livros rosacrucianistas aos professores teológicos de Leyden, pedindo sua opinião. A faculdade de Leyden respondeu atacando os princípios rosacrucianistas nos mais vigorosos termos. Recomendou que os membros da ordem fossem tratados como estando à beira da insanidade, a menos que ameaçassem a inviolabilidade da Igreja e a paz do Estado, caso em que deveriam ser punidos mais severamente.[8]

Isto, porém, não impediu que um pretenso adepto rosacrucianista chamado Peter Mormius se apresentasse como embaixador de um "Collegium Rosanium" e publicasse um livro intitulado *Arcana Totius Naturae Secretissima* (Os Segredos Inteiros da Natureza, Leyden, 1630), que supostamente revelara segredos rosacrucianistas. De acordo com Mormius, a ordem não se interessava por outra coisa senão alquimia, a Medicina Universal e o segredo do moto-contínuo. Mormius afirmava ter entrado em contato, em 1620, com um homem muito velho chamado Rose que era membro da Dourada Rosa-Cruz, a qual era composta de apenas três pessoas. Embora não aceitasse Mormius como membro, admitiu-o como servo e assim Mormius obteve o conhecimento dos segredos da ordem. Mormius tentou aproximar-se dos Estados Gerais como representante da Fraternidade, mas foi recusado – não surpreendentemente em vista da atitude hostil dos professores de Leyden.[9] (A referência à ordem composta de três pessoas é interessante, uma vez que, pelo que sabemos, essa é a primeira menção de uma "Dourada Rosa-Cruz" em lugar da simples "Rosa-Cruz". Mais tarde, como veremos em um capítulo posterior, o nome "Dourada Rosa-Cruz" foi adotado por uma ordem alemã altamente ativa.

Hostilidade semelhante foi demonstrada para com os rosacrucianistas na França. De acordo com um dos polemistas anti-rosacrucianistas franceses, Gabriel Naudé (em sua *Instruction à la France sur la verité de l'histoire des Frères de la Rosa Croix*, Paris, 1623), apareceram nas ruas de Paris em 1623 cartazes contendo a seguinte notícia:

> Nós, os deputados de nosso Superior Colégio da Rosa Cruz, agora residindo, visíveis e invisíveis, nesta cidade, pela Graça do Altíssimo, para Quem se voltam os corações dos sábios, ensinamos, sem a ajuda de livros ou sinais, a língua de qualquer país onde preferirmos permanecer, a fim de que possamos salvar nossos semelhantes do erro da morte.

Naudé considerava este manifesto um gracejo, mas outro autor, anônimo, em um panfleto intitulado *Examen sur la nouvelle et inconnue Cabale des Frères de la Croix-Rozée* (Paris, 1623), atacou o movimento como uma criação de Satã, cujo propósito inclui a negação de Deus, blasfêmia contra a Santíssima Trindade, Sacrifício a Satã, magia negra e freqüência ao Sabá das Feiticeiras.

Ainda mais sensacionais foram as revelações de outro panfletário anônimo, autor de *Effroyable Pactions faites entre le Diable et les prétendues Invisibles* (Paris, 1623). De acordo com ele, o Colégio de Rosacrucianistas fizera um acordo com um necromante chamado Raspuch e o documento fora assinado com sangue pelos membros. Isto fora feito na presença de Astaroth, que se manifestou como um belo jovem em nome de seu mestre, Satã. Em troca de concordar em praticar vários atos maus e blasfemos, os rosacrucianistas tinham o poder de tornar-se invisíveis, passar através de portas fechadas, ler os pensamentos mais secretos, ser levados de um lugar para outro à vontade e falar eloqüentemente em todas as línguas. Cada membro usava um anel de ouro e safira, com o qual comandava um demônio como seu guia e mentor pessoal.

Já mencionamos o ataque do Abbé Mersenne. Outro eclesiástico que atacou os rosacrucianistas foi o jesuíta François Garasse em *La Doctrine Curieuse des Beaux Esprits de ce Temps* (Paris, 1623). Garasse afirmava que os irmãos eram uma seita secreta da Alemanha, cujo secretário era Michael Maier. Na Alemanha, observa Garasse, os estalajadeiros penduravam rosas em suas tavernas para mostrar que as coisas faladas durante a embriaguez deviam ser depois mantidas em segredo. Os rosacrucianistas, sustentava ele, são bebedores que divulgam seus segredos só em tavernas – daí o uso do símbolo. Como os outros panfletários, Garasse considerava os rosacrucianistas feiticeiros perversos.

Nem todos os franceses eram hostis aos rosacrucianistas. O filósofo Descartes ouviu falar na fraternidade durante suas viagens à Alemanha e tentou em vão entrar em contato com ela. Voltou à França no auge do furor rosacrucianista e, a fim de evitar ser marcado como um deles, tornou-se visível a seus amigos, em lugar de seguir seus hábitos solitários, com o que se arriscaria a ser considerado "invisível".

Como na Alemanha, o furor rosacrucianista na França foi de curta duração e nada mais ouvimos lá a respeito da fraternidade durante mais de um século. Em seguida, porém, a França tornou-se o centro de um renascimento muito ativo e colorido do Rosacrucianismo, como veremos em um capítulo posterior.

6

A procura da Pedra Filosofal

O Rosacrucianismo de Andreae interessava-se apenas em parte pela alquimia, mas posteriores revivescências da idéia rosacrucianista dariam grande destaque a suas afirmações de possuir o segredo da transmutação e o conhecimento da Pedra Filosofal ou Elixir da Vida. Se não fosse a defesa dos rosacrucianistas pelo alquimista alemão Michael Maier, o movimento poderia ter-se desenvolvido em direção inteiramente diferente. Mas as apologias de Maier em favor da fraternidade, principalmente *Symbola Aureae Mensae* (1617) e *Themis Aurea* (1618), acentuaram os elementos alquímicos do movimento. Isso foi reafirmado por adeptos posteriores e por considerável número de charlatães, que fizeram uso da ligação alquímica para seus próprios fins.

Foi um século depois de Maier que o Rosacrucianismo alquímico ficou firmemente estabelecido. Durante o intervalo, muito pouco se ouviu na Alemanha a respeito da Rosa-Cruz. Depois, em 1710, foi publicado em Breslau um trabalho intitulado *Die wahrhafte und volkommene Bereitung des philosophischen Steins der Brüderschafft aus dem Orden des Golden und Rosen Kreutzes* (A Verdadeira e Completa Preparação da Pedra Filosofal da Fraternidade, da Ordem da Dourada Rosa-Cruz). O autor foi "Sincerus Renatus", na realidade certo Sigmund ou Samuel Richter, pastor de Hartmannsdorf, perto de Landshut, na Silésia, que havia estudado teologia protestante em Halle. Seguidor de Paracelso e Jacob Boehme, interessava-se ele profundamente por medicina e alquimia. Em *A Verdadeira e Completa Preparação*, assim como descreve certo número de processos alquímicos, Renatus estabelece também as regras e constituição de uma pretensa ordem rosacrucianista. O conteúdo deste livro estriba-se muito em diversos trabalhos anteriores, principalmente: *Echo der von Gott Hocherleuchteten Fraternitet, des löblichen Ordens R.C.* (Eco da Fraternidade Iluminada por Deus da Venerável Ordem R.C.), por Julius Sperber (1615), e *Themis Aurea*, de Michael Maier.

À fraternidade, tal como é apresentada por Renatus, faltava o espírito antipapal dos primeiros escritos rosacrucianistas e nela eram permitidos membros católicos romanos. Devia ter um imperador vitalício eleito e número de membros limitado a sessenta e três. O imperador devia mudar de nome e local de moradia a cada dez anos e manter um registro de cada irmão individual. Cada irmão, após ser aceito, recebia uma porção da Pedra Filosofal suficiente para assegurar a continuação de sua vida por mais sessenta anos, mas em troca precisava observar diversas regras. A pedra, por exemplo, nunca devia ser carregada sob a forma de óleo, mas apenas como "pó da primeira projeção", contido em uma caixa de metal com uma tampa de metal. Além disso, a Pedra Filosofal nunca devia ser administrada a uma mulher em trabalho de parto, caso contrário "ela seria levada prematuramente ao leito". Havia ainda uma disposição muito intrigante: "a pedra não será usada na caça".

Renatus fornece igualmente detalhes dos processos de iniciação, votos e cumprimentos. Quando dois irmãos se encontravam na rua, o primeiro devia dizer: "Ave, Frater", ao que o segundo respondia: "Roseae et Aureae"; depois, o primeiro acrescentava a palavra "Crucis". Estabelecida assim a condição de ambos, cada um dizia ao outro: "Benedictus Dominus Deus Noster Qui dedit nobis signum", e ambos mostravam seus respectivos selos da Ordem.

A questão que surge é se existia alguma verdadeira ordem por trás do documento de Renatus. Waite, em seu estilo bastante vago e enfadonho, diz que o livro de Renatus mostra que "uma notável mudança ocorrerá no espírito e forma da Ordem e que ela passara por uma regra metodizada, sugerindo algo por trás dela que crescera em silêncio, longe do conhecimento comum".

Aqui Waite estava pensando na linha certa e eu creio que podemos dar mais um passo e fazer uma conjetura razoável sobre o que era essa "alguma coisa" que "crescera em silêncio". Podemos deduzir um pouco do que sabemos a respeito de Richter e sua obra. No ínicio de *A Verdadeira e Fiel Preparação*, Richter diz que o livro não é trabalho seu, mas foi copiado de um manuscrito dado a ele por um "Professor da Arte", cujo nome não revela. O manuscrito, diz ele, menciona as verdadeiras práticas e regulamentos da Ordem, assim como os dois lugares onde seus membros tinham o hábito de reunir-se. As referências a locais de reunião haviam sido, porém, alteradas, "pois nenhum deles (os irmãos) permanece na Europa, mas há poucos anos partiram para a Índia a fim de lá viver com mais paz". Esta partida para a Índia já fora mencionada pelo escritor anti-rosacrucianista Heinrich Neuhas em seu *Pia et Utilissima Admonitio de Fratribus Rosae Crucis* (1618). A referência à Índia poderia ter sido transmitida a Richter por uma fonte anterior como essa, mas parece improvável que um honesto pastor protestante inventasse a história do "Professor da Arte", que lhe dera o manuscrito. Nem parece provável que ele falasse, sem razão, com tanta convicção sobre a existência de uma fraternidade. É possível que o próprio Richter tenha sido membro da fraternidade, caso em que Sincerus Renatus poderia ser o nome por ele assumido na Ordem. "Sincerus" significando "veraz", "genuíno" ou "sincero" e "Renatus" significando "renascido".

Richter, como mencionei, havia estudado teologia em Halle, cidade que era um grande centro de estudos alquímicos nos séculos XVII e XVIII. Lá havia também, como está mencionado no Capítulo 3, uma loja da Unzertrennlichen que tinha o nome de *Sincera Confoederatio*, sugerindo uma ligação com a primeira parte do pseudônimo de Richter. Parece provável, portanto, que Richter tenha sido membro da Unzertrennlichen. Nesse caso, a Unzertrennlichen torna-se uma chave da história do Rosacrucianismo ainda mais importante do que já sugeri. Vimos como a Ordem parece ter estado estreitamente ligada aos manifestos originais. Parece que a Unzertrennlichen era também o "elo perdido" entre os rosacrucianistas da era de Andreae e a nova ordem de Gold-und Rosenkreuz do século XVIII. Vale a pena, portanto, olhar mais de perto essa interessante ordem.

Em seu monumental livro sobre movimentos esotéricos, *Die Erleuchteten*, Karl Frick descreve o simbolismo usado pela Unzertrennlichen. Em suas reuniões, uma bíblia, um crânio e uma ampulheta permaneciam sobre uma mesa. Entre seus símbolos incluíam-se o Sol, a Lua e as estrelas, uma figura de mulher representando a Pansofia, um compasso, um círculo e três globos. Seus membros falavam também em subir sete degraus até uma "fonte de sabedoria", o "mais alto arquiteto do mundo". Isto é terminologia gnóstica, reminiscente da ascensão através dos sete planetas para chegar à fonte divina, da qual um fragmento está presente no homem. A ordem tinha cinco graus. Os iniciados do primeiro e segundo graus usavam uma cruz de prata e aqueles dos graus mais elevados, uma cruz de ouro. Possivelmente, quando um membro alcançava o grau mais elevado, era admitido em uma ordem interna, onde a "cruz dourada" tornava-se a "dourada rosa cruz", com o acréscimo de rosa significando iniciação em um ensinamento especial derivado de fontes orientais e possivelmente envolvendo técnicas sexuais – fato que explicaria o extremo segredo da ordem. Voltarei a este tema logo mais.

A evidência até agora aponta para a existência de uma fraternidade alquímica, que se denominava Gold-und Rosenkreuz, amplamente difundida, mas atuando secretamente. Além da obra de Renatus, temos outros documentos que apóiam esse ponto de vista. Espalhados pelo mundo de língua alemã existem manuscritos ostentando o nome de "Gold-und Rosenkreuz". Contêm fórmulas alquímicas idênticas, mas descrevem-nas com palavras diferentes. Isto sugere que tais documentos não foram simplesmente copiados da mesma fonte, mas refletem um ensinamento circulado entre certo grupo de pessoas, oralmente ou sob a forma de notas.

Um desses manuscritos está agora na Biblioteca Nacional da Áustria, em Viena, intitula-se *Testamentum der Fraternitet Roseae et Aureae Crucis* (Testamento da Fraternidade da Rosa e Dourada Cruz) e uma nota em uma das guardas do livro registra que ele foi adquirido por Johann Adalbert, Prinz de Buchau, em 1735.

Este documento começa relacionando uma série de regras da ordem, semelhantes àquelas apresentadas por Renatus, com algumas diferenças. Por exemplo, o número de irmãos foi elevado de sessenta e três para setenta e sete. O documento prossegue descrevendo certo número de processos alquímicos, inclusive a manufatura do elixir da vida a partir de líquidos corporais, como sangue e urina.

Anteriormente eu havia descoberto um manuscrito semelhante na Biblioteca do Estado de Württemberg, em Stuttgart, *Thesaurus Thesaurorum a Fraternitate Rosae et Aureae Crucis* (Tesouro dos Tesouros da Fraternidade da Dourada Rosa-Cruz) que já mencionei no Capítulo Três. O autor escreveu no frontispício a data de 1580, que pode ou não ser genuína. Esse manuscrito contém igualmente regras da Ordem e alguns dos mesmos processos alquímicos, mas descritos em linguagem diferente. Os processos para a feitura do elixir a partir de sangue e urina são longos e complexos. As instruções para o uso de suor são, porém, mais simples, sendo esta a essência delas:

> Tome um pouco de suor e esmague-o com uma folha de ouro em um pilão até ficar preto. Coloque-o em um vaso de vidro e

deixe-o assentar. Passará por uma variedade de cores, terminando em vermelho-sangue. Deixe-o por um mês para apodrecer e depois destile-o em uma retorta. Quando tiver destilado cinco gramas, você terá uma substância com a qual poderá realizar grandes maravilhas.

A Dourada Rosa-Cruz deve ser vista tendo como pano de fundo o ressurgimento geral da alquimia no século XVIII, que apresenta um fenômeno interessante. Muitos dos membros da nobreza praticavam ou patrocinavam a alquimia. Por exemplo, o príncipe Ludwig George Karl von Hessen-Darmstadt (1749-1823) empregava um alquimista chamado Peter Christian Tyssen, que trouxera da Itália. Ferdinand, Duque de Braunschweig (1721-1792), interessava-se também pelo "Grande Trabalho" e tinha um laboratório alquímico em seu castelo em Vechelde.

Outro alquimista ativo neste período foi o misterioso Conde de Saint Germain, que se tornou de tal modo uma lenda que é difícil distinguir entre fatos e ficção nas informações sobre sua vida. Depois de viajar pela Europa sob diversos pseudônimos – inclusive Marquis de Montferrat, Chevalier Schoening, Comte Soltikoff e Graf Tzarogy – terminou como hóspede permanente no castelo do Landgraf Karl von Hessen-Kassel, onde morreu por volta de 1780. Dizia-se que ele possuía um elixir que o conservara vivo por 400 anos. Quando estava em Dresden, foi perguntado a seu cocheiro se isso era verdade. O cocheiro respondeu que não sabia exatamente, mas que nos 130 anos em que estivera a seu serviço o conde sempre tivera a mesma aparência que tinha então.[1] De maneira nada surpreendente, alegou-se que o Conde era adepto do Rosacrucianismo.

Na Áustria, a mania da alquimia tornou-se verdadeira epidemia e, a certa altura, dizia-se que havia 10.000 alquimistas em Viena, os quais exerciam suas atividades apesar de uma política de perseguição contra eles aprovada por Maria Teresa. Ironicamente, o marido da imperatriz, Francisco (feito imperador em 1745), era também zeloso alquimista e tinha um laboratório instalado no palácio real.[2]

Algumas informações interessantes a respeito da alquimia em Viena são dadas na obra de Gustav Brabbée, *Sub Rosa – Vertraulich Mitteilungen aus dem maurenischen Leben unserer Grosswäter* (Viena, 1879), baseada em manuscritos constantes do legado de seu pai. Escrevendo de um ponto de vista hostil, ele diz:

> Durante os anos de 1782 e 1783, existia em Viena uma sociedade alquímica que dava a si própria o pomposo nome de "altos, sábios, nobres e excelentes Cavaleiros da Estrela Cadente". Suas assembléias realizavam-se duas ou três vezes por semana, especialmente em noites frias e claras do fim do outono, nos extensos terrenos de uma propriedade perto de Viena, pertencente a um conde, e eram sempre cercadas de segredo. O Grão-Mestre desta sociedade, segundo dizem, era um renomado e bravo general de seu tempo, que gozava de grande favor do Imperador. Servos armados guardavam as entradas e saídas durante as sessões e não permitiam que ninguém passasse sem dar a senha. Irmãos bem montados saíam muitas vezes separadamente por noites inteiras, cobrindo uma ampla área à procura da estrela cadente. Traziam seu botim de volta para os impacientes companheiros, que o colocavam em um vaso redondo e o conservavam lá até transformar-se em ouro. (Citado por Frick, pp. 353-53)

Essa "estrela cadente caída" referia-se ao orvalho da manhã, que se acreditava vir da transpiração das estrelas e conter o "líquido vital", que também estava presente nas secreções corporais. Um interessante relato sobre o uso do orvalho por um alquimista moderno é feito por Armand Barbault em seu *Gold of a Thousand Mornings* (publicado na França em 1969 sob o título *L'Or du Millième Matin* e na Inglaterra em 1975).

Na outra extremidade do mundo de língua alemã, na Prússia, a alquimia era também extremamente praticada. Um de seus praticantes era Carl Adolf von Carlowitz, distinto nobre prussiano que desempenhou papel importante na derrota de Napoleão na batalha de Leipzig. Em seu castelo de Kuckuckstein, em Liebstadt, ele tinha um laboratório alquímico. Era também membro da Gold-und Rosenkreuz (nessa época sob a égide da Maçonaria), como mostram seus documentos pessoais. Devo ao trineto de Carlowitz, Sr. Vidar l'Estrange, a permissão de examinar certos papéis de seu ancestral, entre os quais está a chave do código que ele usava em seus diários. Além de numerosos termos puramente maçônicos, nele se inclui também um código para o termo "unbekannte Oberen" (chefes secretos), que é um conceito rosacrucianista. Outro código refere-se a "Goldkochen", a preparação de ouro.

A pergunta que devemos formular agora é esta: que estavam tentando fazer os alquimistas e em particular os alquimistas rosacrucianistas? Para responder a ela precisamos primeiro compreender o que é alquimia.

1. Desenhos proféticos de *Naometria* (1604), de Simon Studion, mostrando (a) a Nova Idade montada sobre a besta de quatro cabeças de Ezequiel, enquanto o Papa e o Imperador naufragam; e (b) a Jerusalém Mística (fotografias: Biblioteca do Estado de Württemberg, Stuttgart).

2. Johann Valentin Andreae, aos sessenta e dois anos de idade.

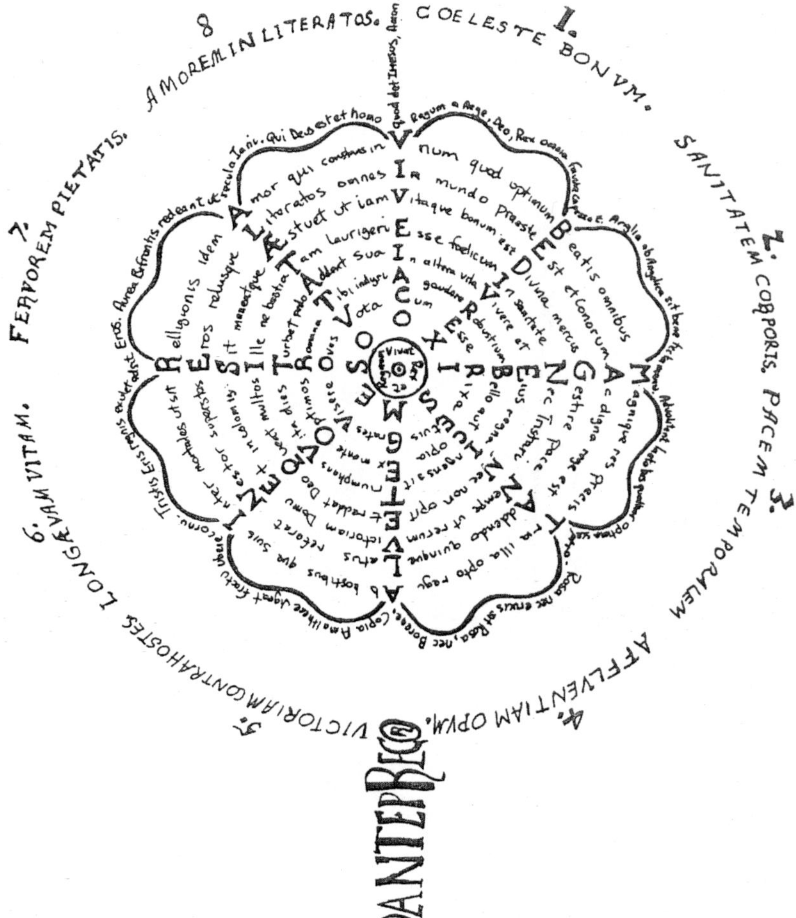

3. Uma mensagem de cumprimentos de Natal disposta em forma de rosa e enviada por Michael Maier ao Rei Jaime I, da Inglaterra, em 1612 (copiada do original por Adam McLean).

4. Uma ilustração do frontispício de *Summum Bonum*, de Robert Fludd, Parte IV (1629), uma defesa da fraternidade rosacrucianista. A inscrição traduzida: "A rosa dá mel às abelhas".

Die Lehren der Rosenkreuzer
aus dem 16ten und 17ten Jahrhundert.

Oder

Einfältig ABC Büchlein
für junge Schüler
so sich täglich fleissig üben in der Schule des H. Geistes;
Bildnißweise vor die Augen gemahlet
zum neuen Jahrs = Exercitio
in dem
Natürlichen und Theologischen Lichte
von einem Bruder der Fraternitaet { CHRISTI / des Rosenkreuzes } P. F.
zum erstenmal öffentlich bekannt gemacht,
und
mit einigen Figuren von gleichem Inhalt vermehret durch P. S.

Altona,
gedruckt und verlegt von Joh. Dav. Ad. Eckhardt, Königl. Dän. privil. Buchdrucker.

5. Frontispício da primeira parte de *Secret Symbols of the Rosicrucians*, publicado na Alemanha em 1785.

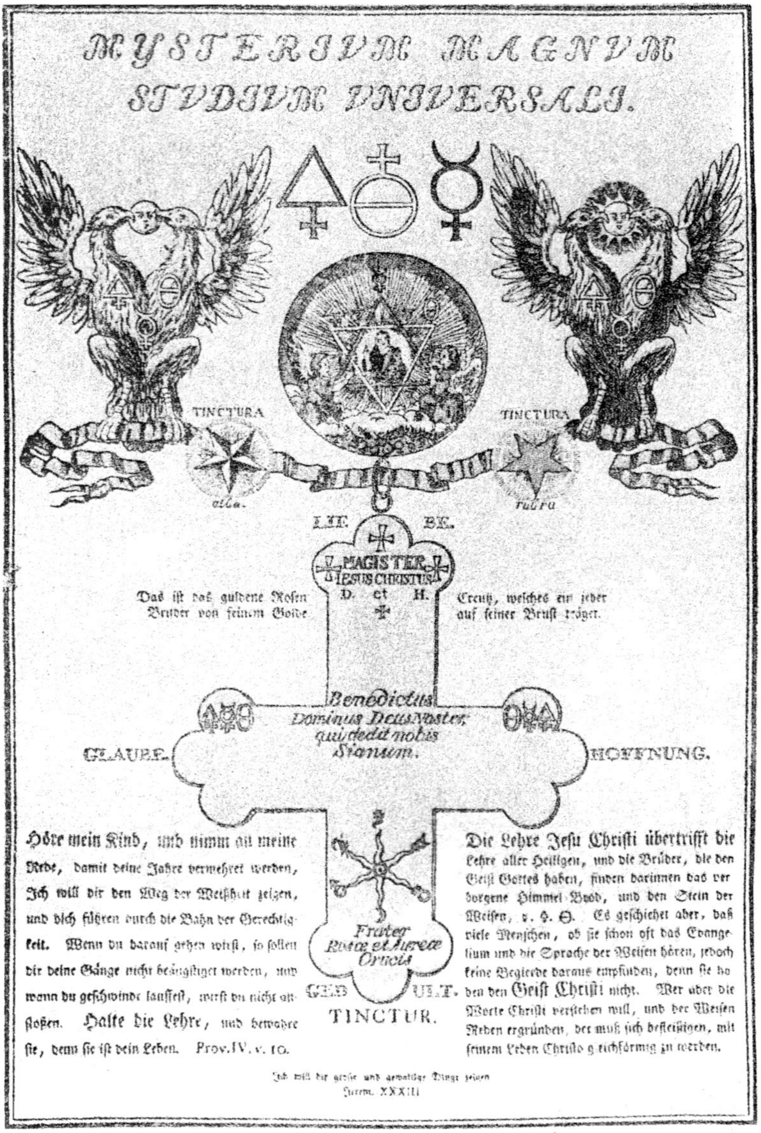

6. Pingente de *Secret Symbols*. É descrito como "a dourada Rosa Cruz que cada irmão usa no peito". Os símbolos acima são alquímicos, com as águias de duas cabeças à esquerda e à direita representando respectivamente as cores branca e vermelha.

7. Rosa-cruz com a figura de Cristo no centro, tirada de *Secret Symbols*.

8. A Tábua de Esmeralda de Hermes, tirada de *Secret Symbols* (ver Capítulo Seis para obter uma explicação dos emblemas).

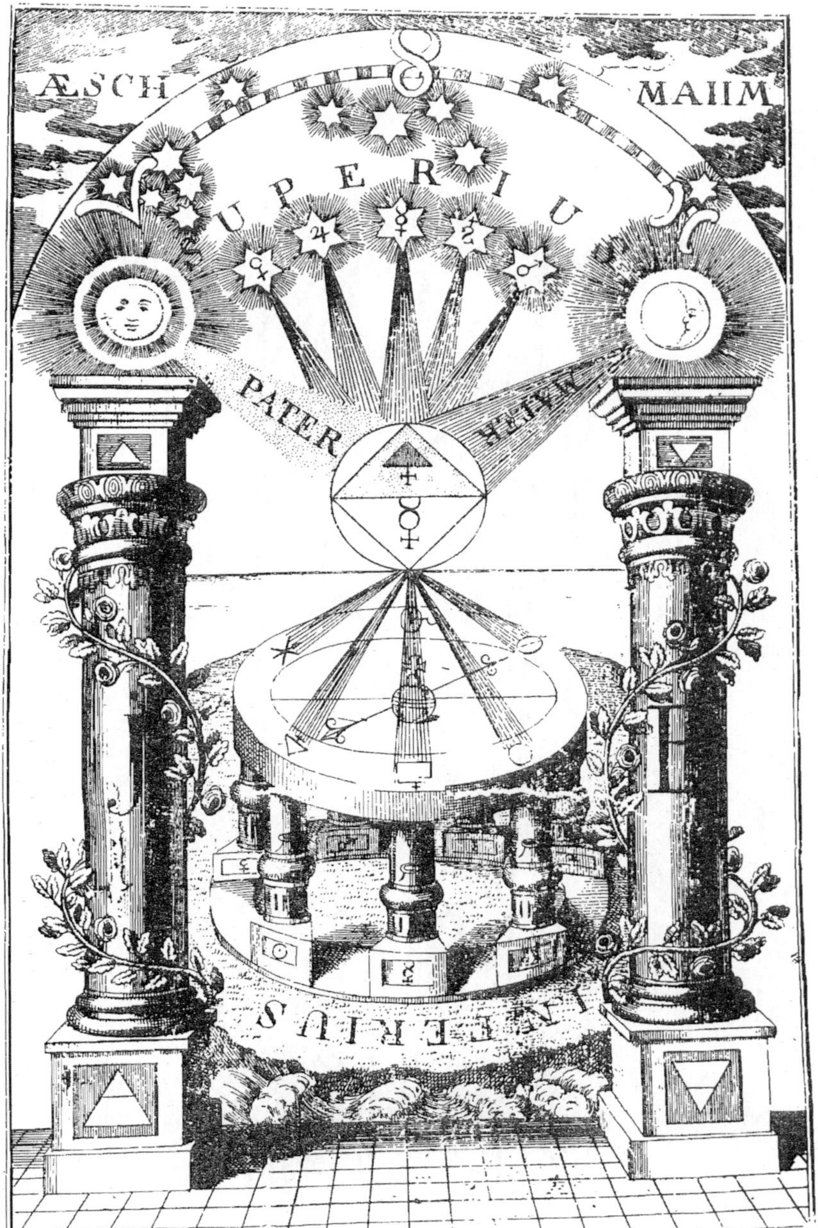

9. Criação do mundo a partir de fogo (*aysh*) e água (*mayin*). Ilustração de *Compass der Weisen* (Bússola do Sábio), obra alquímica-rosacrucianista alemã publicada pela primeira vez em 1779.

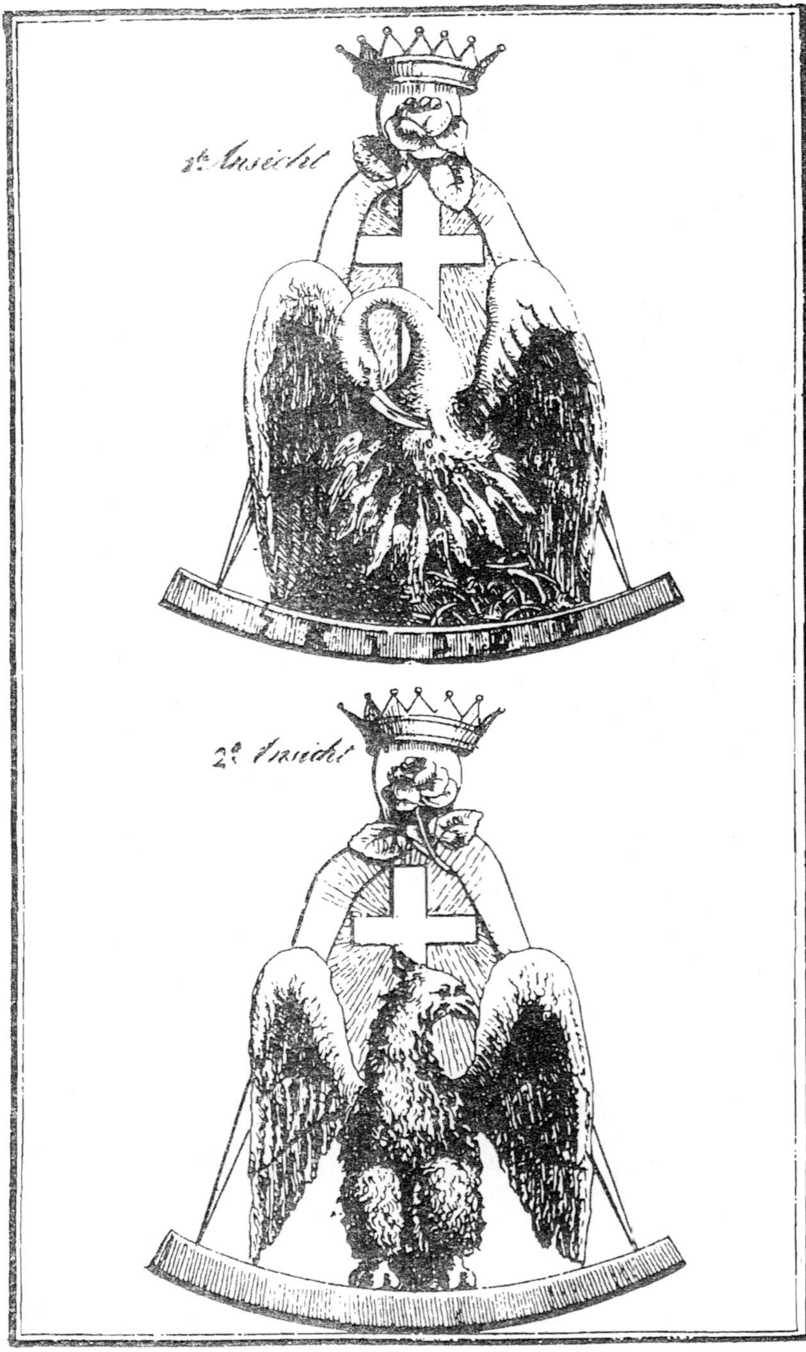

10. Jóia maçônica alemã do grau de Rosa-Cruz (18º). De um lado é um pelicano, do outro uma águia.

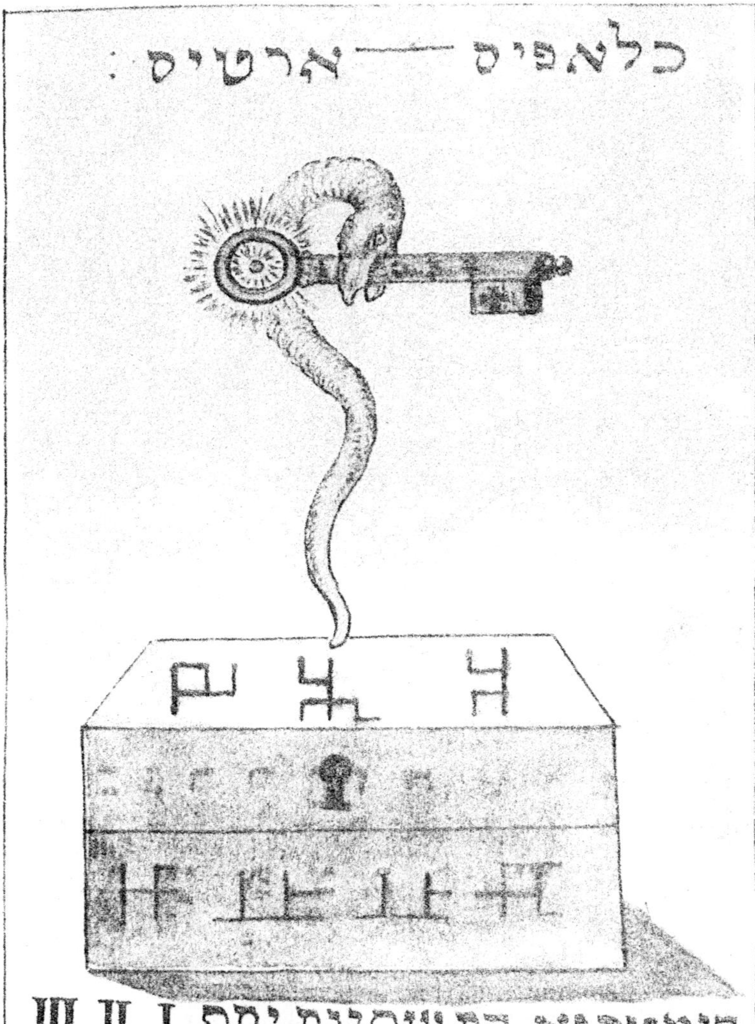

11. Uma ilustração de *Aleph*, de Archarion, manuscrito rosacrucianista alemão de 1802. A serpente parece representar o deus gnóstico Serápis e está segurando a chave dos quatro elementos, que pode abrir os segredos da matéria (fotografia: Biblioteca Nacional da Áustria, Viena).

12. A Trindade, de *Aleph*. Os raios em forma de letras designam os dez *sephiroth* da Cabala e seus nomes divinos correspondentes.

13. Stanislas de Guaita (1861-1897), fundador da ordem cabalística francesa da Rosa-Cruz.

14. **Joséphin Péladan** (1858-1918), associado e posteriormente rival de Guaita e fundador da Ordem da Rosa-Cruz Católica.

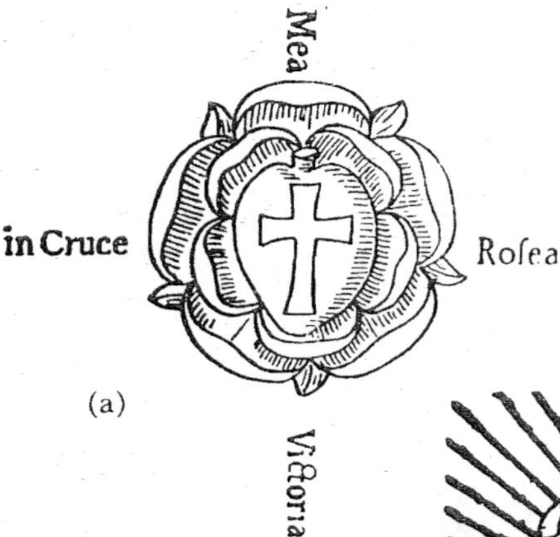

(a)

(b)

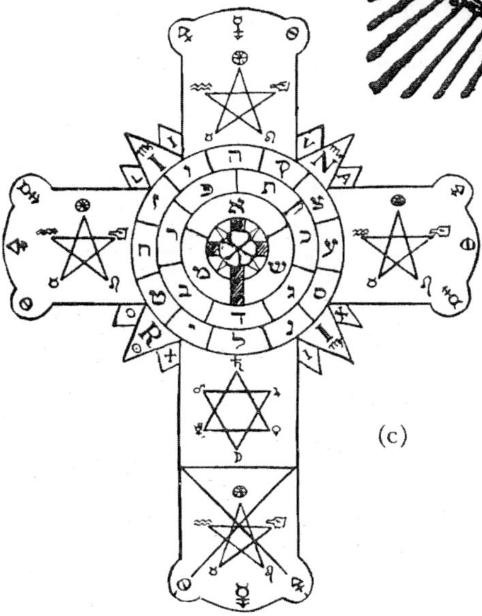

(c)

15. Variações do motivo da rosa-cruz: (a) emblema de *Secret Symbols* (fotografia: Adam McLean); (b) o símbolo da Ordem Cabalística da Rosa-Cruz, de Guaita; (c) um desenho do emblema usado pela Ordem Hermética da Aurora Dourada (de *The Golden Dawn*, de Israel Regardie).

16. Emblema usado pela Fellowship of the Rosy Cross de A. E. Waite (fotografia: R. A. Gilbert).

De todas as ciências antigas, a alquimia foi talvez aquela de que mais se abusou e que mais se interpretou mal. A concepção popular do alquimista é de alguém preocupado com a vã tentativa de transformar chumbo ou outros metais básicos em ouro. Mas, por trás dos esforços metalúrgicos do alquimista, havia uma visão altamente complexa do homem e do universo, que é ainda válida hoje, embora provenha de uma tradição estranha à ciência ortodoxa.

A premissa básica da alquimia está contida na frase: "Assim como é em cima, é embaixo." Em outras palavras, o homem e o mundo natural são reflexos de um padrão do mundo divino – "Deus fez o homem à sua imagem". Sustenta-se que o homem pertence tanto ao mundo material quanto ao divino, pois contém uma centelha do espírito universal que em sua queda original ficou presa na matéria. O homem tem também uma alma individual e um corpo material. Em termos alquímicos, corpo, alma e espírito correspondem a sal, enxofre e mercúrio, que representam também três forças universais, a Trindade da terminologia cristã e os três "Gunas" dos hindus. Libertando seu espírito dos laços da matéria, o homem pode mais uma vez vislumbrar sua perfeição divina perdida. Nessa crença, o alquimista pertencia a uma antiga tradição gnóstica, esboçada no Capítulo Um, que foi suprimida pela igreja cristã inicial, mas sobreviveu nas correntes herméticas que fluíram subterraneamente no pensamento europeu e, ocasionalmente, como na Renascença, floresceram mais abertamente.

A capacidade que o homem tem de ser redimido e aperfeiçoado é partilhada pelo mundo da natureza e o estado de perfeição é simbolizado pelo ouro. O esforço do alquimista para transformar outros metais em ouro é, portanto, uma tentativa, não de transformação, mas essencialmente de melhoria.

Deus, de acordo com os alquimistas, colocou deliberadamente à disposição do homem os meios espirituais e materiais pelos quais é possível atingir a perfeição. Entre eles se incluem não apenas o segredo da transmutação de metais, mas também meios de combater doença e mortalidade – males que são, afinal de contas, apenas sintomas do estado de queda do homem. Conseqüentemente, existe uma alquimia interior, preocupada com o aperfeiçoamento da alma, e uma alquimia exterior, complementar, preocupada com a perfeição da matéria e do corpo.

O alquimista percebe que, para superar a subserviência à matéria, o homem precisa compreender como a matéria funciona e dominar seus processos. As três forças universais, sustenta ele, atuam através de sete canais representados no céu pelos sete planetas e na terra pelos sete metais básicos: Sol, Lua, Mercúrio, Vênus, Marte, Júpiter e Saturno correspondem respectivamente a ouro, prata, mercúrio, cobre, ferro, estanho e chumbo. O mundo da natureza propriamente dito é dividido em quatro elementos: Fogo, Terra, Ar e Água.

Um ingrediente essencial no processo alquímico era a Pedra Filosofal, substância sem a qual a transformação em ouro não podia ocorrer. A Pedra era também o elixir da vida, que podia curar doença e assegurar longevidade. Os textos alquímicos mencionam essa substância em termos velados. Diz-se que é uma pedra e não é uma pedra, que existe em toda a natureza, mas desprezada e ignorada, que é desconhecida e, no entanto, conhecida de todos.

O processo de transformação envolve a redução a uma *matéria prima*, ou "matéria primeira", substância básica liberta de suas características essenciais. Essa substância tem a capacidade de "crescer" como ouro ou outros metais, quando "impregnada" de um "fluido vital" correspondente ao conceito hindu de Prana, o sopro que anima o universo. Esse "fluido vital" era atraído por certos "sais" no corpo e em outros lugares. Estes sais estão presentes nas secreções corporais e, quando as secreções são destiladas, pode-se extrair a essência portadora do prana. Era esse pensamento que existia por trás das fórmulas para fazer o elixir de sangue, suor, urina e sêmen.

O emprego de sêmen e outras substâncias corporais pelos alquimistas é confirmado por outra passagem do livro de Gustav Brabbée, onde ele descreve em termos horrorizados um grupo que trabalhava de acordo com o princípio de que o corpo humano é a melhor retorta para produção do elixir. Um meio pelo qual o grupo tentava produzir o elixir consistia em contratar certo número de homens e mulheres que, em troca de uma importância em dinheiro, comiam e bebiam, até fartar-se, os mais finos alimentos e vinhos, após o que seus detritos corporais eram tratados para a extração do elixir. Na procura de sêmen para propósitos semelhantes tinham a ajuda de um de seus membros, que era oficial do exército. Em troca de dinheiro, esse homem obtinha a substância desejada dos homens sob seu comando. Isso continuou até quando os soldados ficaram tão fracos que o médico do regimento foi chamado e a causa foi revelada por um dos homens. Por mais cômicas que essas atividades possam parecer, eram uma extensão perfeitamente lógica das premissas com que os alquimistas atuavam.

É claro que os rosacrucianistas do século XVIII tinham profundo conhecimento de alquimia tanto interior quanto exterior, como mostra um exame de seus trabalhos. Um dos mais interessantes entre eles é *Geheime Figuren der Rosenkreuzer* (Os Símbolos Secretos dos Rosacrucianistas), publicado em Altona, em 1785. Uma das ilustrações desse trabalho é um medalhão circular, no qual há três escudos unidos por correntes, mostrando uma águia, uma estrela e um leão; havia também dois globos representando a terra e o céu, uma esfera, dois braços saindo de nuvens dos lados do medalhão e símbolos dos sete planetas, com o Sol e a Lua derramando jorros de líquido em uma taça. Um poema que acompanha a ilustração explica que a águia, o leão e a estrela representam respectivamente sal, enxofre e mercúrio, assim como corpo, alma e espírito; a esfera é um símbolo do bem mais alto e as duas mãos representam razão e conhecimento. Os símbolos restantes explicam-se por si mesmos. Parte do poema diz:

> This is the meaning of the Art:
> The body gives form and constancy.
> The soul colour and tinges,
> The spirit gives fluidity and penetrates.
> Therefore, the Art cannot consist
> Of one of these three things only.
> Nor can the greatest secret exist
> Unless it has body, soul and spirit.*

Essa imagem e a explicação que a acompanha expressam claramente o aspecto dual da alquimia. Contudo, além da alquimia interior e exterior que descrevi, existe ainda um terceiro tipo de alquimia, ainda praticado no Oriente. Aqui o "fluido vital" com o qual o alquimista trabalha é a própria força sexual, distinta da secreção física, e as descrições do aquecimento da caldeira, da destilação e assim por diante simbolizam meios de manipular a corrente generativa. Este tipo de alquimia é claramente descrito no livro de Lu K'uan Yu, *Taoist Yoga* (Rider, 1970). Uma citação, do Capítulo IV, será suficiente para mostrar a espantosa semelhança entre a alquimia taoísta e a européia:

> Corpo, coração e pensamento são chamados as "três famílias"... Os três elementos (ou fatores) só podem ser controlados e

---

* Esta é a significação da Arte:
O corpo dá forma e constância,
A alma colore e tinge,
O espírito dá fluidez e penetra.
Portanto, a Arte não pode consistir
Apenas de uma dessas três coisas.
Nem pode o grande segredo existir
A menos que tenha corpo, alma e espírito.

devolvidos à fonte única em condições de serena vacuidade. Quando o coração está vazio de externalidades, espírito e natureza unem-se; e quando o corpo está parado, a força generativa e as paixões são extintas. Quando pensamento é reduzido ao estado de serenidade, os três fatores misturam-se em um só.

Quando paixão e natureza se unem, isso é chamado união dos elementos de metal (chin) e madeira (mu). Quando a força generativa e espírito se unem, isso é chamado mistura dos elementos de água e fogo. Quando o pensamento é estabilizado, isso é a plenitude dos cinco elementos (metal, madeira, água, fogo e terra).

Os três fatores aqui mencionados parecem corresponder ao sal, enxofre e mercúrio da alquimia ocidental e a "condição de serena vacuidade" é certamente a redução à *materia prima*. A referência à mistura de água e fogo é particularmente impressionante, pois nas ilustrações alquímicas européias essa união é às vezes mostrada de forma alegórica.

Dada uma interpretação sexual, muitos dos textos alquímicos europeus parecem ter sentido. Por exemplo, no *Secret Symbols* ocorre a seguinte passagem:

> Quando deixei o pequeno jardim e cheguei ao lugar onde assistiria as donzelas, notei que em lugar dos muros havia ali uma cerca baixa de vime, e uma donzela muito bonita vestida de cetim branco, com um esplêndido jovem, passou pelo jardim de rosas, de braços dados e carregando muitas rosas fragrantes nas mãos. Falei-lhes e perguntei: Como atravessaram a cerca? Ela disse: Meu querido marido ajudou-me a passar por cima dela e nós agora vamos sair deste adorável jardim e entrar em nosso quarto para gozar nossa amizade.

Seria possível interpretar isso como significando que a rosa da perfeição só podia ser colhida depois de conseguido o domínio da força sexual.

É difícil estabelecer se algum europeu praticou ou não algo parecido com a alquimia taoísta, mas parece improvável que a tradição da alquimia sexual fosse completamente desconhecida no Ocidente. Se algo dessa espécie existiu na Europa, isso explicaria o extremo cuidado com que os segredos alquímicos foram guardados dos profanos – o uso de sexo dessa maneira seria considerado na Europa, até tempos recentes, com aversão quase universal.

Com muita freqüência encontramos uma dimensão sexual no Rosacrucianismo. O Conde de Gabalis fala em "casamento" com espíritos elementais. Elias Ashmole e Thomas Vaughan parecem ter usado sexo de maneira mágica e, posteriormente, Paschal Beverly Randolph faria o mesmo. Tudo isso leva à conclusão de que houve no Rosacrucianismo um traço sexual no qual tropeçaram alguns de seus praticantes, embora não todos. Em que momento exato esse traço entrou na tradição rosacrucianista é difícil dizer, mas talvez tenha estado lá desde o começo. Retornarei a este tema mais adiante. Entretanto, devemos voltar nossos olhos para a fase maçônica do Rosacrucianismo.

7

A Dourada Rosa-Cruz

Um membro da Casa Real da Prússia, que se distinguira recentemente na campanha bávara contra a Áustria, tornou-se em 1781 candidato à admissão na Fraternidade da Dourada e Rosa Cruz. Para os rosacrucianistas ele era um recruta importante, pois logo se sentaria no trono como Frederico Guilherme II, sucessor de seu tio, Frederico, o Grande. Sua iniciação na fraternidade teria importantes conseqüências, de que trataremos logo mais. Primeiro, porém, será útil compreender a natureza da sociedade para a qual ele foi atraído. A Gold-und Rosenkreuz foi um fenômeno notável, uma espécie de Aurora Dourada de seu tempo, que reuniu muitos elementos e produziu a primeira organização rosacrucianista identificável.

Neste estágio, é importante acentuar que houve realmente duas ordens da Dourada e Rosa Cruz, que se seguiram uma à outra. A primeira foi uma vaga fraternidade alquímica descrita no capítulo anterior. A segunda foi uma ramificação maçônica que adotou o nome de Gold-und Rosenkreuz (Dourada e Rosa Cruz).

A segunda ordem representa a reunião e mistura de certo número de tradições e influências diferentes. O solo do qual surgiu era em parte alquímico e em parte maçônico, e a fim de compreendê-lo perfeitamente é preciso mergulhar um pouco no labiríntico mundo da Maçonaria continental do século XVIII, com todos os seus complicados galhos e ramos.

Recapitulemos brevemente a história da Maçonaria: na Inglaterra, a primeira referência a uma loja maçônica "especulativa" – em oposição a associações de operários pedreiros – é um registro no diário de Elias Ashmole sobre sua admissão como membro da loja maçônica de Warrington, no Lancashire, em 16 de outubro de 1646.[1] Existe, porém, na Escócia uma referência digna de confiança, que registra a admissão de Sir Robert Moray em uma loja de Edinburgo em 20 de maio de 1641.[2] Este é provavelmente o mais antigo registro de uma loja maçônica especulativa, embora sem dúvida existissem tais lojas muito antes dessa data.

Quando e onde a Maçonaria começou não se sabe, mas a data em que se tornou firmemente estabelecida foi 1717, quando se fundou a Grande Loja de Londres. A Grande Loja tornou-se rapidamente o órgão central governante da Maçonaria britânica e, apesar de alguns atritos e da formação de grupos dissidentes, existe até hoje.

A existência de uma autoridade central deu coerência e estabilidade à Maçonaria britânica, cuja história se fez de maneira relativamente reta. No continente, porém, não havia autoridade central e a história da Maçonaria continental é de complexidade desnorteante.

Fora da Inglaterra, foi na França que a Maçonaria primeiro se firmou. Lojas francesas parecem ter sido formadas na década de 1720 e, em 1756, foi fundada uma Grande Loja da França. O progresso da confraria maçônica como exportação britânica foi ajudado pela presença no continente de exilados jacobitas escoceses e irlandeses. Um deles foi a romântica figura do Chevalier Andrew Michael Ramsay (1696-1743). Provindo de origem humilde no Ayrshire, Ramsay diplomou-se pela Universidade de Edinburgo, posteriormente adquiriu conhecimento do francês e tornou-se uma espécie de aventureiro intelectual, movendo-se livremente entre a aristocracia francesa, atuando como professor do filho do Velho Pretendente em Roma, e, estranhamente, permanecendo *persona grata* na Inglaterra, a ponto de ser-lhe oferecido o cargo de professor do Duque de Cumberland, terceiro filho de Jorge II (que ele recusou).

Ramsay foi extremamente ativo como maçon e tornou-se Chanceler da Grande Loja da França. Foi nessa qualidade que proferiu, na assembléia geral da ordem, um discurso que foi publicado em 1737 e expôs as teorias de Ramsay sobre as origens da confraria. De acordo com Ramsay, as Cruzadas tiveram inspiração maçônica, sendo seu propósito restaurar o Templo dos Cristãos na Terra Santa e "empregar-se no trabalho de trazer de volta a arquitetura deles à sua primeira instituição".[3] Para isso, explicou Ramsay, "eles concordaram quanto a vários sinais antigos e palavras simbólicas tirados do poço da religião a fim de se reconhecerem entre os pagãos e sarracenos... Pouco tempo depois nossa ordem formou uma estreita união com os Cavaleiros de São João de Jerusalém. Esta união foi feita de acordo com o exemplo dado pelos israelitas quando ergueram o segundo Templo, os quais, enquanto empunhavam com uma mão a colher e a argamassa, seguravam com a outra a espada e o escudo."[4] Esta suposta ligação com os Cavaleiros de São João levou a imaginação posterior e ainda mais fértil a associar a Maçonaria com a suprimida Ordem dos Templários.

Em outros pronunciamentos, Ramsay sustentou a existência na Escócia de uma antiga tradição maçônica, que preservara a pureza da confraria quando ela se degenerara em outros lugares. Assim, na mente de muitos maçons continentais a palavra "Escocês" chegou a ter um prestígio especial e novos ritos maçônicos, procurando justificar a inovação, muitas vezes erguiam a bandeira "escocesa". O resultado foi uma estranha progênie, tirada por Ramsay da Maçonaria francesa, que se tornou um *enfant terrible* para aqueles que desejavam manter a Maçonaria em situação estável. O termo "Maçonaria escocesa", dado a essa progênie, abrange uma imensa proliferação de ritos, caracterizada por cerimônias exóticas e títulos grandiosos. A Grande Loja de Paris mostrou-se cada vez mais incapaz de controlar esse luxuriante crescimento e o conseqüente enfraquecimento de sua autoridade.

Juntamente com a Maçonaria ortodoxa, a maçonaria escocesa espalhou-se da França para toda a Europa. De fato, embora a maçonaria tenha sido originariamente uma criação britânica, foi a versão francesa que adquiriu mais seguidores no continente. De todos os países em que a confraria penetrou, a Alemanha foi aquele em que a maçonaria escocesa e suas ramificações encontraram solo mais fértil.

O mais influente dos ritos maçônicos "escoseses" alemães foi a Estrita Observância, fundada por Kal Gotthelf, Barão Hund, em 1764, que dava destaque à suposta derivação templária e afirmava serem os alemães os verdadeiros receptores da autêntica tradição templária. A organização fez também grande uso de simbolismo alquímico e apresentou a promessa da obtenção dos segredos da transmutação. Com sua combinação de apelos nacionalistas e ocultistas, a Estrita Observância floresceu.

Rito ainda mais exótico foi o dos Sacerdotes Templários, fundado pelo pastor Johann August Starck, o qual afirmava que não eram os cavaleiros, mas os sacerdotes da Ordem Templária os verdadeiros guardiães dos segredos da ordem, inclusive da arte da transmutação.

Foi nesse ponto que as tradições de Rosacrucianismo e Maçonaria se encontraram e se misturaram. Aqueles que procuravam mais do que era oferecido em matéria de estudos alquímicos pela Estrita Observância e pelos Sacerdotes Templários foram naturalmente atraídos pela Ordem da Dourada Rosa Cruz, que tinha a atração adicional de ser um fenômeno puramente alemão. O resultado foi a criação de um novo rito de maçonaria rosacrucianista.

Além da busca de conhecimento alquímico, havia outra importante característica que atraía pessoas para a nova ordem rosacrucianista. O Rosacrucianismo tornou-se, no século XVIII, um ponto de concentração daqueles que tinham pontos de vista conservadores e se opunham às tendências socialmente radicais, racionalistas e anti-religiosas, que estavam-se tornando um sério desafio na Alemanha.

Havia ordens maçônicas e pseudomaçônicas alinhadas de ambos os lados da cerca política. Mas aqui estamos em território difícil, porque nos defrontamos não tanto com uma cerca, quanto com um espectro de opinião política no qual é às vezes difícil distinguir um do outro. Por exemplo, a ordem dos Illuminati, do bávaro Adam Weishaupt, pertencia decididamente ao campo progressista e racionalista. Todavia, o termo *Iluminados* é usado por um escritor francês da época para designar a facção obscurantista. E o Imperador Frederico, o Grande, que na prática podia ser tudo menos radical, era membro de uma loja maçônica da seita igualitária francesa. Em geral, porém, a maçonaria tendeu a ter uma conotação radical e a nova ordem rosacrucianista era o meio que os conservadores tinham para enfrentar os maçons radicais em seu próprio jogo.

Outro elemento na atração da ordem rosacrucianista era o fato de atender a uma necessidade daqueles que se sentiam insatisfeitos com o novo racionalismo, mas eram incapazes de voltar à aridez da ortodoxia luterana ou ceder à Igreja de Roma, com sua tentadora autoridade ritual, mística e dogmática. No Rosacrucianismo eles encontravam uma resposta eficaz.

Resumindo, o sucesso da Gold-und Rosenkreuz foi devido a quatro fatores principais: (1) a promessa de conhecimento secreto oferecida a uma elite privilegiada; (2) a função da ordem como ponto focal conservador; (3) sua atração como substituto religioso; (4) seu caráter alemão, que atraía aqueles de mentalidade nacionalista.

As origens da Gold-und Rosenkreuz maçônica são obscuras, mas um nome ligado à sua formação é o de Hermann Fictuld, figura misteriosa, sobre a qual pouco se sabe além do fato de ter sido autor de uma série de trabalhos alquímicos, que mais tarde se tornaram leitura obrigatória entre os membros da ordem. Pensa-se que o nome Fictuld foi um pseudônimo, possivelmente de Schmidt ou Mummenthaler. Em uma de suas obras, *Aureum Vellus* (escrita em 1747 e publicada em 1749), Fictuld refere-se a uma "Sociedade dos Rosacrucianistas Dourados", que eram os herdeiros do Velocino de Ouro, e em todos os seus escritos seguintes é dado importante papel a essa ordem. Possivelmente em 1747, Fictuld, devido a seu interesse por alquimia, entrou em contato com a fraternidade alquímica secreta e frouxamente organizada que se denominava Gold-und Rosenkreuz, a respeito da qual já fiz especulações. É possível que Fictuld tenha dado então a essa fraternidade uma organização mais coerente ou tenha iniciado um novo grupo seu, com o nome antigo. Nos estatutos da Gold-und Rosenkreuz é dito que a ordem devia ser reformada de dez em dez anos. Sabemos que tais reformas ocorreram em 1777 e 1767. Podemos, portanto, presumir que a sociedade foi fundada em 1757 ou 1747. Arnold Marx, em seu livro sobre a Gold-und Rosenkreuz (publicado em 1929), expõe sua crença em que 1757 foi o ano da fundação.

Esta ordem desenvolveu-se sob o manto da Maçonaria e, em seus primeiros dias, floresceu na parte sul do mundo de língua alemã, com centros em lugares como Viena, Hof, Frankfurt-sobre-o-Meno, Marburg, Kassel, Regensburg e também no posto avançado de Praga. Um dos centros mais ativos foi o pequeno Ducado de Sulzbach, no Alto Palatinado, cujos governantes, especialmente o Duque Christian August (1622-1702), demonstraram interesse por especulações místicas. Nessa corte reunia-se um notável grupo de intelectuais místicos, como o hebraísta e cabalista Christian Knorr von Rosenroth (1636-1689) e o médico François Mercure van Helmont (1618–1689), também cabalista. Sulzbach foi também um centro editor de obras ocultistas e místicas e tinha uma imprensa hebraica que publicava obras cabalísticas e outros trabalhos judeus.

Knorr e Helmont desempenharam importante papel na disseminação da idéia de que a língua hebraica tinha origem divina e possuía um poder elementar especial como língua básica do homem. Este ponto de vista foi exposto no livro de Helmont, *Alphabeti vere Naturalis Hebraici brevissima Delineato* (Breve Esboço do Verdadeiro Alfabeto Natural do Hebraico), publicado em 1667. Knorr, em um prefácio ao livro, propôs a formação de uma sociedade de língua hebraica, nas linhas das sociedades de língua alemã, como a Fruchtbringende Gesellschaft e a Deutschgesinnte Genossenschaft (da qual Knorr era membro).

Devido a sua origem divina, o hebraico harmonizava-se melhor com a natureza do que qualquer outra língua. Era por isso, acreditava Knorr, capaz de abrir os segredos da natureza, inclusive a receita para fazer ouro. Assim, o conhecimento do hebraico era, de acordo com Knorr, indispensável ao adepto alquímico.

Essa preocupação com o hebraico tornou-se parte conhecida do modo de pensar rosacrucianista, como a doutrina da reencarnação, na qual Helmont acreditava e que o levou por algum tempo à prisão da Inquisição durante uma visita a Roma.

A importância atribuída à alquimia, que distinguia a Gold-und Rosenkreuz dos rosacrucianistas mais antigos, era devida em grande parte a pessoas como Knorr e Helmont. A alquimia era também praticada na corte de Sulzbach.

Em vista da tradição de estudo ocultista estabelecida em Sulzbach no século XVII por Knorr, Helmont e Herzog Albrecht, não é surpreendente que na segunda metade do século XVIII o ducado se tenha tornado um centro da Gold-und Rosenkreuz. O líder do círculo rosacrucianista lá era o dr. Bernhard Joseph Schleiss von Löwenfeld (1731-1800), que se tornou médico da corte em Sulzbach, após ter servido na Guerra dos Sete Anos, e posteriormente foi feito conde. Além de numerosos escritos médicos, ele escreveu também duas obras em defesa dos rosacrucianistas.

Grassl, em seu livro sobre tendências místicas e ocultistas na Baviéra, *Aufbruch zur Romantik*, escreve a respeito do círculo de Schleiss:

> Referindo-se ao trabalho de Knorr e Helmont, Schleiss disse também que o verdadeiro ensinamento espiritual, "a genuína Cabala", era obtido do alfabeto da natureza... Da Cabala vieram os importantes ensinamentos da ordem: a Árvore dos Dez Sephirot, a doutrina dos números, o conceito do Quaternário... a idéia de "Adam Kadmon", que deu origem ao problemático estado andrógino da humanidade, a interpretação profética da Sagrada Escritura, a "Língua Original" como fonte de um tradicionalismo "romântico", assim como certos interesses da alquimia, como a transmutação de metais e a "materia prima". No "alfabeto natural" da Sagrada Língua havia freqüente menção ao "antigo Ophir", o laboratório do cabalista iluminado que era o único capaz de produzir ouro. Este agora tornou-se o segredo da ordem, revelado apenas aos mais altos graus. A ligação é confirmada pelo nome que Wöllner, diretor da ordem em Berlim, tinha na fraternidade. Ele era conhecido como Ophiron e também Chrysophiron, como o alquimista de *Conjugium Phoebi et Palladis*, de Knorr von Rosenroth.

Assim, na transição da Rosa-Cruz para a Dourada Rosa Cruz, houve um aumento no papel da alquimia – processo que, como acentua Karl Frick, foi invertido nos séculos XIX e XX. Além da alquimia, os rosacrucianistas de Sulzbach adotaram também a prática de exorcismo – expulsão do demônio a fim de curar certas aflições.

Além de Sulzbach, outro importante centro da atividade rosacrucianista foi Harburg. Ali seu maior expoente foi Friedrich Joseph Wilhelm Schröder (1733-78), professor de Medicina na universidade e médico famoso, com fortes tendências místicas e alquímicas. Pouco depois de sua chegada a Marburg, em 1764, Schröder ingressou na loja maçônica dos Três Leões e em 1765, segundo se acredita, estabeleceu um capítulo rosacrucianista dentro da loja. Além de trabalhos alquímicos, escreveu também um livro de instrução para os membros da Gold-und Rosenkreuz.

Como foi mencionado antes, eram numerosos os centros rosacrucianistas espalhados pelo sul da Alemanha, Áustria, Hungria e norte da Itália. No norte da Alemanha, os principais centros eram Berlim e Hamburgo. E foi em Hamburgo que apareceu em 1785 o influente trabalho *Geheime Figuren der Rosenkreuzer* (Símbolos Secretos dos Rosacrucianistas), que continha muitas ilustrações alquímicas, assim como uma explicação dos ensinamentos da ordem. O autor é desconhecido.

Muitas obras de natureza semelhante circularam entre os membros da ordem no decurso de sua vida. Entre elas incluíam-se *Compass der Weisen* (Bússola do Sábio), publicada pela primeira vez em 1779 e consistindo na maior parte em uma compilação vulgar de material alquímico e rosacrucianista antigo, mas com algumas gravuras interessantes. A autoria é incerta. Foi atribuída ao Barão Proek, mas Schleiss von Löwenfeld provavelmente também teve participação, pois o prefácio tratando das origens da Ordem menciona Sulzbach, perto da qual havia uma caverna onde os druidas costumavam reunir-se.

Compêndio da Gold-und Rosenkreuz ainda mais importante foi *Opus Mago-Cabalisticum et Theologicum*, de Georg von Welling, publicado pela primeira vez em Frankfurt-sobre-o-Meno, em 1719, sob o nome de Gregorius Anglus Sallwigt, provavelmente pseudônimo de Welling, mas possivelmente nome de um autor cujo texto Welling editou. O livro foi posteriormente muito ampliado por Welling e outros, e a versão ampliada foi publicada em 1735 depois da morte de Welling. Houve outras edições em 1760 e 1784. A obra trata das três substâncias básicas do processo alquímico, sal, enxofre e mercúrio, e contém algumas belas ilustrações simbólicas, várias das quais foram reproduzidas, sem reconhecimento de sua fonte, por Hargrave Jennings em *The*

Rosacrucians, their Rites and Mysteries. *Opus* de Welling é um trabalho bastante confuso e mesmo uma grande mente como a de Goethe achou difícil compreendê-lo quando o estudou em 1769. Apesar disso, tornou-se talvez o livro de instrução mais importante usado pela Gold-und Rosenkreuz.

A reforma de 1767 ocorreu em época na qual a ordem já estava em convulsão. Em outubro de 1766, um decreto imperial baniu os rosacrucianistas do império austríaco, o que afetou a ordem inteira em toda a grande Alemanha. Fictuld, que fora até então o espírito orientador, viu-se obrigado a procurar refúgio em Innsbruck e sua influência declinou. Uma nova geração – Schleiss, Schröder e outros – assumiu a liderança e entraram em evidência novas idéias que foram incorporadas à reforma de 1767. A lenda das origens templárias do Rosacrucianismo foi abandonada e deu-se à Bíblia papel mais central nos ensinamentos. Ademais, a própria organização foi tornada mais severa. Daí para diante os ramos individuais passaram a ser conhecidos como círculos e tiveram permissão de contar com mais de nove membros, chefiados por um diretor. Uma segunda reforma constitucional da ordem ocorreu em 1777. O sistema de graus e rituais usado pela ordem no período é registrado em um documento datado de 1767 e reproduzido em *Rosenkreuzerey*, de I. A. Fessler.[5]

A fim de qualificar-se para admissão, o candidato precisava passar pelos três primeiros graus de maçonaria ortodoxa, aprendiz admitido, confrade e mestre, que os rosacrucianistas afirmavam ser meramente uma introdução para conhecimento superior.

A história da ordem é assim descrita pelo autor do documento de 1767:

> Embora os antigos padres e sábios mestres se reunissem desde o começo do mundo e se separassem das massas profanas, foi somente no tempo de Moisés que a ordem estabeleceu uma regra do mais alto segredo no Egito e nos desertos da Arábia. Durante e após o cativeiro na Babilônia, a fraternidade instalou-se na Síria. E no tempo de Salomão a classificação ou divisão foi estabelecida. No quarto, quinto e sexto séculos, toda a fraternidade foi reformada e finalmente lhe foi dada sua atual constituição. Mas, a fim de que os Chefes pudessem ocultar melhor seus objetivos e verificar mais facilmente o desejo de conhecimento dos homens, os três graus inferiores da maçonaria foram estabelecidos como escola de treinamento para ciências superiores.

Segue-se uma descrição dos nove graus rosacrucianistas, designados de acordo com a seguinte enumeração cabalística:

1	9	Junior
2	8	Theoreticus
3	7	Practicus
4	6	Philosophus
5	5	Minor
6	4	Major
7	3	Adeptus Exemptus
8	2	Magister
9	1	Majus

Esta, pelo que sei, é a mais antiga referência publicada a esses nove graus. Eles foram descritos posteriormente em *Der Rosenkreuzer in seiner Blösse* (O Rosacrucianista Revelado), de Magister Pianco (isto é, Hans Heinrich von Ecker und Eckhoffen), publicado em 1781. Esta última descrição dos graus foi publicada integralmente por Kenneth Mackenzie em seu *Royal Masonic Cyclopaedia* (1877) e em seguida passada, com pequenas alterações, para a tradição mágica ritual moderna.

O documento que citei prossegue relacionando nome, número, sinal, cor e palavra de cada grau, o nome de seu chefe, a terra onde seus membros são encontrados, a residência do chefe, o local e os intervalos das reuniões, o número de círculos designando o grau, a ciência estudada pelos membros e, finalmente, mas não menos importante, o custo da admissão. Os atributos do grau Junior são os seguintes: "Número: 909. Sinal: um anel com caracteres. Cor: dourado. Palavra Aesch. Nome do chefe: Pereclinus de Faustis. Terra: estão espalhados por toda parte. Residência do chefe: Jusprunk. Local de reunião: indeterminado; reúnem-se de dois em dois anos. Círculos: têm nove. Ciência: são discípulos. Custo da admissão: três marcos de ouro.

A descrição do grau mais alto, o de Majus, reflete como convém a posição exaltada do grau: "Número: 7. Sinais: Urim e Thummin e Schemhamphorasch. Cores: cintilante e faiscante: Palavra: Jeová. Nome do chefe: Lucianus Rinaldus de Perfectis. Terras: Egito, Pérsia, Itália, Espanha, Inglaterra, Holanda e Alemanha. Residências: Hassan, Jepasan, Veneza, Madri, Londres, Amsterdam e Colônia. Local de reunião: Esmirna, a cada dez anos. Círculo: um. Ciência: nada é oculto deles; eles são mestres em tudo, como Moisés, Aarão, Hermes e Hiram Abif. Custo da admissão: 99 marcos de ouro."

Presumivelmente, a alta taxa de admissão não deteria alguém que tivesse alcançado o nível de Hermes. Esse adepto seria capaz de produzir qualquer quantidade de ouro com sua Pedra Filosofal e 99 marcos seriam brinquedo de criança.

A identidade dos membros dos escalões superiores da ordem permanecia secreta. O conceito de chefes secretos super-homens (*unbekannte Oberen*) parece datar desse período e tornar-se-ia motivo de grupos ocultistas posteriores, como a Sociedade Teosófica de Madame Blavatsky com seus Mahatmas Tibetanos.

A esses chefes eram atribuidos poderes milagrosos, aos quais, em grau menor, as fileiras inferiores da ordem podiam também aspirar. De fato, a crença nesses poderes era considerada prova do mérito de um membro da fraternidade. Conta-se que um membro categorizado da Gold-und Rosenkreuzer, Johann Christoph Wöllner, sobre o qual voltaremos a falar mais adiante, escreveu a outro irmão rosacrucianista dizendo-lhe que deixasse de duvidar que adeptos do oitavo grau tivessem o poder de tirar pintainhos de ovos cozidos. [6]

Mas antes de poder esperar ser dotado de tais poderes, o candidato precisava primeiro passar pelos graus preliminares da ordem, envolvendo complicados ritos de iniciação. O panfleto *Rosenkreuzerey*, de Fessler, descreve pormenorizadamente o ritual para iniciação ao grau de Theoreticus.

O candidato é levado a um aposento e ali vestido com os trajes de mestre escocês. Depois bate à porta de um aposento vizinho, onde é recebido por um irmão que o cumprimenta com as seguintes palavras: "Sinceros cumprimentos três vezes três, caro irmão". Esse irmão examina-o no sinal, aperto de mão e palavra escoceses, e lhe dá o "habitual beijo quádruplo". Depois disso o candidato purifica-se simbolicamente, lavando as mãos, antes de bater à porta do *sanctum* mais interior, ao qual é admitido acompanhado pelo outro irmão.

Encontra-se então em um aposento iluminado por velas e fechado a toda luz do dia. Na extremidade mais distante vê-se uma mesa coberta por um pano preto, sobre a qual há uma bíblia aberta e ao lado dela os estatutos, registro e instruções do chefe, assim como um avental de beiradas pretas e uma jóia cerimonial. Atrás da mesa senta-se o chefe, com duas outras autoridades sentadas às mesas cobertas de preto, à sua direita e esquerda. Em frente da mesa principal estende-se um tapete com figuras simbólicas e três velas acesas distribuídas ao longo da beirada.

O candidato é levado à frente por seu companheiro. Sobre a mesa imediatamente a sua frente há um candelabro de sete braços com velas acesas. O chefe olha-o silenciosamente por alguns momentos e depois começa o seguinte catecismo:

Chefe: A que grau de maçonaria você chegou?
Candidato: Eu sou mestre escocês.
Chefe: Que mais você pede?
Candidato: Receber conhecimento superior.
Chefe: Responda a minhas perguntas sincera e honestamente. Você cumpriu verdadeiramente os deveres de mestre escocês?
Candidato: Sim.
Chefe: Você melhorou sua mente e vontade através da prática de virtude e fuga de vício?
Candidato: Sim.
Chefe: Você tem desejo de sabedoria?
Candidato: Sim.
Chefe: Qual é o começo da sabedoria?
Candidato: O temor de Deus.

É perguntado então ao candidato que concepção ele tem de Deus e qual sua disposição em relação a seus semelhantes. Satisfeitos esses pontos, o chefe declara:

> Muito bem, amor fraternal exige que atendamos a seu pedido. Se Deus quiser, sua paciência, preocupação e trabalho serão recompensados com sucesso. Aqui, porém, você precisa pôr de lado todos os atavios supérfluos, lembrando assim que em sua primeira recepção como maçom você foi despido de todos os metais, o que significa em termos morais pôr de lado o Velho Adão e esforçar-se no caminho do homem temente a Deus.

O candidato põe então de lado seu chapéu, espada, casaco e outros atavios de mestre escocês. O chefe deixa sua cadeira, aproxima-se do candidato e tira os sapatos dele. Enquanto o faz, diz: "Querido Irmão, aprenda com minha ação a reconhecer que a humildade reina entre nós também". Volta a seu lugar e diz: "Meu Irmão, pise sobre o globo que é mostrado no tapete".

Este globo está retratado no meio do tapete e é cercado por dois círculos. Do círculo externo emana uma série de raios, terminando em um anel de nuvens no qual aparecem os signos dos sete planetas: o Sol e a Lua, em pleno esplendor; depois, os hieroglifos de Mercúrio, Saturno, Marte, Vênus e Júpiter, cada hieroglifo cercado por dois triângulos entrelaçados. Acima do símbolo de Marte, há uma pedra cúbica e abaixo dele uma pedra bruta. Diante de Saturno há um círculo dividido por uma linha perpendicular e diante de Vênus um círculo cortado por uma linha horizontal. Entre o Sol e a Lua, diante do candidato colocado no meio, há uma estrela flamejante, flanqueada pelo compasso e esquadro.

Por ordem do chefe, o secretário lê a abertura do Evangelho de São João ("No princípio era o Verbo", etc.), após o que o chefe pergunta ao candidato se acredita nas manifestações do Verbo. Tendo respondido afirmativamente, é pedido a ele que ponha o dedo sobre o Evangelho e repita o seguinte juramento:

> Eu... juro livremente e com a devida deliberação adorar enquanto viver o eterno e todo-poderoso Jeová em espírito e em verdade e esforçar-me até onde possível para reconhecer seu poder e sabedoria através da natureza, renunciar às vaidades do mundo e, até onde estiver em meu poder, prover para meus irmãos, amá-los, ficar ao lado deles em suas necessidades, por palavras e por atos, e finalmente manter silêncio inquebrantável. Tão verdadeiramente quanto Deus é eterno.

Todos os irmãos dizem então juntos: "Somente a Ti, ó Jeová, seja a honra. Tu és o começo, o meio e o fim, pois tu vives da eternidade para a eternidade. Amém".

O candidato volta a seu lugar anterior e o secretário calça-lhe novamente os sapatos. Depois, é levado ao chefe, que põe sobre ele o avental e a jóia.

O chefe revela-lhe então o sinal e o gesto de seu grau, e sua palavra, que é "Caos", e explica a significação dos símbolos no tapete. Os planetas, acentua ele, foram criados como instrumentos dos quatro poderes elementares, para enviar sua influência à terra e promover a criação dos sete metais. A estrela flamejante representa a Natureza, o sopro de Deus, o Fogo Universal e Central, que aviva, sustenta e destrói todas as coisas. Os dois círculos divididos perpendicular e horizontalmente significam respectivamente os princípios ativo ou masculino e passivo ou feminino no universo. A pedra bruta é a matéria básica dos filósofos. O esquadro e o compasso significam proporção, peso e massa na natureza. As três velas representam as luzes da razão, natureza e revelação. Os quatro cantos do tapete simbolizam os quatro elementos. O candelabro de sete braços representa os sete dons de sabedoria que todo irmão deve pedir a Deus. O globo no meio denota a verdadeira loja que os filósofos estabelecem com diligência e em cujo centro exato trabalham.

Com isso é concluída a parte principal do procedimento e a loja é então formalmente fechada.

À medida que o iniciado subia pelos graus da ordem, dele eram exigidos diligente estudo da alquimia e a leitura de obras de autores como Basil Valentine, Arnold de Villanova e Raymond Lully. Eram também dados a ele manuscritos contendo fórmulas alquímicas, que ele era obrigado a executar às suas próprias custas e sobre cujos resultados devia apresentar relatório. Um desses manuscritos era *Thesaurus Thesurorum a Fraternitate Rosae et Aureae Crucis*, que mencionei no capítulo anterior. Depois de suficientemente versado na teoria da alquimia, permitia-se ao membro tomar parte em experiência prática, atividade que não era sem perigo, pois dois membros do círculo de Berlim foram mortos quando trabalhavam com substâncias químicas perigosas em trabalho de laboratório.

O propósito final da sociedade é descrito em outro manual da Gold- und Rosenkreuz: *Eingang zur ersten Class des preisswürdigsten Ordens vom Goldemen Rosen Creutze nach der letzten Haupt-und Reformations-Convention* (reproduzido em *Starke Erwise*, 1788), de J. J. Bode. De acordo com esse documento, o objetivo da sociedade é, entre outras coisas: "tornar eficazes as forças ocultas da natureza, liberar a luz da natureza que ficou profundamente enterrada sob a escória resultante da maldição, e, assim, acender dentro de todo irmão uma tocha em cuja luz ele será capaz de reconhecer melhor o Deus oculto... e assim tornar-se mais estreitamente unido com a fonte original de luz..."

Esta passagem confirma, mais uma vez, o caráter gnóstico da Gold- und Rosenkreuz. A referência à luz que foi enterrada em escória como resultado de maldição primária, ou queda, pode facilmente ter emanado de uma das seitas gnósticas do início da Era Cristã.

8

Um monarca rosacrucianista

Como freqüentemente acontece com um movimento, a Gold-und Rosenkreuz gozou um último surto de poder e influência antes de seu declínio final. Foi durante esse veranico que o Rei da Prússia se tornou membro da ordem e seu envolvimento com ela foi um dos mais curiosos episódios da história das sociedades secretas.

O homem que levou o príncipe Frederico Guilherme para a fraternidade foi Johann Rudolf von Bischoffswerder (1741-1803), que provinha de uma família nobre da Turíngia e cujo pai, morto em 1754, fizera distinta carreira militar, terminando como *aide-de-camp* do marechal de Saxe. Bischoffswerder, depois de estudar direito, decidiu seguir o exemplo de seu pai e a última parte da Guerra dos Sete Anos (1760-63) encontrou-o como oficial da cavalaria prussiana. Depois da guerra tornou-se chefe de estábulo e despenseiro de Carlos, Duque de Kurland, e em 1764 foi iniciado na Maçonaria da Estrita Observância, sob o nome cerimonial de Eques a Grypho.

Não encontrou, porém, na Estrita Observância o conhecimento oculto que procurava e travou conhecimento com um autoproclamado alquimista e rosacrucianista chamado Johann Georg Schrepfer, proprietário de um café em Leipzig. Schrepfer suicidou-se em 1774, mas antes disso legou a Bischoffswerder uma máquina para fazer espíritos aparecerem e uma tintura para manter juventude e força. Talvez tenha sido a influência de Schrepfer que levou Bischoffswerder a ser atraído pelo Rosacrucianismo. Seja como for, ele ingressou na Gold-und Rosenkreuz na véspera do Natal de 1779. Suas cartas nesse período demonstram anseio por conhecimento superior: "Eu às vezes vejo um ponto de luz, mas é muito fraco para penetrar a verdade". Foi também um homem de genuína piedade cristã: "Eu peço ao Todo-Poderoso Eterno diariamente, ou melhor, de hora em hora, que me conceda um renascimento cristão". 1

No início da chamada "Guerra da Batata" contra a Áustria em 1778, Bischoffswerder reincorporou-se ao exército prussiano e viu-se na Bavária como capitão, sob as ordens do príncipe Henrique da Boêmia. Quando, no fim da guerra, foi adido como major ao séquito de Frederico Guilherme, príncipe da Prússia, recebeu do chefe dos rosacrucianistas de Berlim, duque Frederico Augusto da Braunschweig-Oels (Irmão Rufus na ordem), instrução para tentar conquistar o príncipe para a fraternidade.

Não foi difícil realizar a tarefa. Pouco depois do término da campanha, em 1779, Frederico Guilherme sofreu uma grave doença, durante a qual foi cuidadosamente atendido pelo major Bischoffswerder, que teve assim uma oportunidade ideal para influenciar o príncipe. Bischoffswerder era homem de tamanho imponente e físico poderoso combinados com encanto, maneiras refinadas e mente culta. Seu comportamento digno era adequado para dar a impressão de ser sustentado por algum poder invisível e o príncipe sentiu-se logo ansioso por saber mais a respeito desse poder. Bischoffswerder atendeu administrando-lhe um "elixir secreto", cuja receita só era conhecida da fraternidade e, quando se recuperou, logo depois, o príncipe estava convencido da verdade das afirmações de Bischoffswerder e ansioso por ingressar na ordem. Era aceitável como candidato, pois já fora membro da loja maçônica das Chaves Douradas.

Depois de um ano de provação, o príncipe foi admitido e iniciado na ordem rosacrucianista em 8 de agosto de 1781. Como todos os outros membros da ordem, recebeu um nome especial, em seu caso Ormesus Magnus. Bischoffswerder tornou-se seu superior imediato na fraternidade e a partir de então foi seu companheiro inseparável. Após Frederico Guilherme ter subido ao trono, Bischoffswerder exerceu forte influência sobre a política exterior prussiana e promoveu uma cruzada contra-revolucionária contra o jacobinismo francês.

O discurso de saudação na iniciação do príncipe foi proferido por Johann Christoph Wöllner (1732-1800), que estava destinado a ter influência ainda mais forte sobre Frederico Guilherme. Ao contrário de seu colega Bischoffswerder, Wöllner tinha origens humildes. Filho de um pastor luterano, decidira inicialmente seguir a carreira do pai, mas em lugar disso aceitou um emprego de administrador das propriedades da viúva de um certo general Itzenplitz. Dedicou seu tempo de folga a escrever livros e artigos sobre agricultura, tornando-se reconhecida autoridade na matéria. Em sua mocidade houve pouca indicação de seus interesses esotéricos posteriores.

Em 1766, desposou a filha de sua empregadora, com aprovação desta última. Naquele tempo, tais casamentos entre as classes eram geralmente tabu e alguns membros da família apelaram a Frederico, o Grande, com sucesso, para que proibisse o enlace. Mas já era tarde: quando o mensageiro real chegou, o casamento consumara-se vinte e quatro horas antes. O melhor que se podia fazer era investigar Wöllner para ver se conquistara a mão da moça por meio de pressão imprópria. Nenhuma prova disso foi encontrada e o casamento foi aceito. Wöllner realmente provou ser um marido dedicado e o casal viveu unido e feliz durante trinta anos.

Mas a hábil ascensão social de Wöllner granjeou-lhe o desfavor de Frederico, o Grande, que a partir de então considerou-o *persona non grata* na corte. Esse tratamento deixou sua marca em Wöllner, que, quando se tornou um poder por trás do trono do monarca seguinte, deve ter encontrado alguma satisfação em inverter muitas das políticas de Frederico.

Enquanto era tratado com frieza pela corte de Frederico, Wöllner deu certa vazão a sua ambição na Maçonaria, na qual ingressou em 1765, elevando-se rapidamente ao cargo de *praepositus* das cinco lojas da prefeitura de Berlim. No devido tempo, tornou-se cavaleiro da Estrita Observância sob o nome de Eques a Cubo, mas, como Bischoffswerder, achou que a ordem não satisfazia seu desejo de aprender segredos ocultos. Por isso ingressou no Rosacrucianismo e logo tornou-se principal organizador do norte da Alemanha e *Oberhauptdirektor* responsável por vinte e seis círculos, compreendendo um total de duzentos membros. Operando em Berlim sob uma variedade de nomes exóticos – Heliconus, Ophiron, Chrysophiron –, trabalhou arduamente para infiltrar o Rosacrucianismo na Maçonaria.

Foi logo elevado ao oitavo grau, mas queixou-se a amigos de que os magos recusaram iniciá-lo nos mistérios finais do grau. Wöllner, como foi dito antes, acreditava que os adeptos do oitavo grau tiravam pintainhos de ovos cozidos. Então, para seu pesar, evidentemente descobriu que não iam contar-lhe o segredo.

Mas, se tais poderes estavam fora de seu alcance, um poder mais mundano logo caiu em suas mãos, pois quando Frederico Guilherme subiu ao trono, em 1786, Wöllner se tornou conselheiro econômico do novo rei e foi elevado à nobreza. Ele e Bischoffswerder eram, além disso, confidentes diários de Frederico Guilherme, redigindo discursos, acompanhando o rei em viagens e aconselhando-o nas nomeações. A fim de compreender o poder que esses dois adeptos rosacrucianistas tinham sobre seu irmão régio, é necessário conhecer alguma coisa do caráter e personalidade do rei.

Frederico Guilherme era um homem de físico agradável, maneiras graciosas e considerável encanto pessoal. Era dedicado às artes e Beethoven e Mozart estiveram entre aqueles que gozaram de seu patrocínio. Sua orquestra privada tinha reputação em toda a Europa. Mas no caráter era fraco e indeciso. Nem compensava com experiência o que lhe faltava em determinação, pois Frederico, o Grande, descuidara-se da educação de seu sobrinho e recusara com desprezo confiar-lhe quaisquer responsabilidades sérias de governo que pudessem prepará-lo para o trono.

Em suma, Frederico Guilherme estava mal preparado para assumir o governo de um estado acostumado às imensas capacidades e à mão-de-ferro de Frederico, o Grande. Como acentuou Epstein em *The Genesis of German Conservatism*: "Ele tentou reinar como monarca absoluto, quando realmente lhe faltavam força e habilidade necessárias para desempenhar esse papel... Vacilação foi a tônica desse reinado: insegurança pessoal a causa."

Frederico Guilherme procurou livrar-se do peso da realeza em promiscuidade e suas atividades sexuais tornaram-se notórias. Seu primeiro casamento (1765-69) terminou em divórcio, depois de um escândalo envolvendo ambas as partes. O segundo (1769) foi mais bem-sucedido, mas não o impediu de tomar como amante Wilhermine Enke, mulher de intelecto forte e ambição ainda mais forte, filha de um trombeteiro tecnicamente casado com uma criada real chamada Rietz, e que recebeu mais tarde o título de Condessa von Lichtenau. Não contente com uma amante, porém, o rei insistiu em um casamento bígamo com a Condessa von Voss e, depois de sua morte em 1789, em uma segunda bigamia com a Condessa von Dönhoff (1790). Esta última, porém, brigou com sua rival, a Condessa von Lichtenau, e foi banida da corte.

Frederico Guilherme combinava sua licenciosa vida privada com zelo público por religião e moralidade – combinação que não é tão paradoxal, nem tão incomum quanto pode parecer. No caso de Frederico, porém, sua escandalosa vida privada, que era do conhecimento público, servia apenas para acentuar a hipocrisia de sua cruzada pública e, assim, minar o prestígio da coroa prussiana.

Afora a promiscuidade, Frederico Guilherme procurou também alívio de seus deveres reais na busca de experiência mística e ocultista. Seus mentores rosacrucianistas, Wöllner e Bischoffswerder, encontraram meios de satisfazer esses desejos e, ao mesmo tempo, de influenciar o rei no sentido que desejavam. Sessões eram arrumadas e a máquina de invocar espíritos de Bischoffswerder posta em serviço. Em uma dessas sessões, realizada no castelo de Charlottenburg, o fantasma de seu homônimo, Frederico Guilherme, o "Grande Eleitor" de Brandenburg (1620-1688), apareceu e extraiu do rei a promessa de romper relações com sua amante.[2]

No terreno da religião é que a influência de Wöllner foi mais fortemente sentida. Em 1785, ele produziu uma obra intitulada *Abhandlung über die Religion* (Tratado sobre Religião) para o Príncipe Coroado, descrevendo pormenorizadamente o programa religioso do reinado posterior. Nesse trabalho, declarava que a religião era necessária para a grandeza de um Estado. A Prússia, argumentava ele, mergulhara na irreligião e esse defeito precisava ser remediado. Embora condenando perseguição de uma seita a outra, recomendou a supressão de propaganda anti-religiosa. Os chamados Aufklärer, os "Iluminadores", foram sua principal *bête noire*. A fim de levar a Prússia de volta à religião, três coisas principais eram necessárias. Primeiro, o rei devia fazer ostentação de sua piedade; segundo, devia proibir escritos irreligiosos; terceiro, devia nomear um "homem honesto" para dirigir o Departamento de Negócios Religiosos.

Em sua última recomendação, Wöllner tinha claramente ele próprio em mente, mas somente três anos mais tarde, em 3 de julho de 1788, é que finalmente concretizou sua ambição e tornou-se Ministro de Negócios Eclesiásticos. Uma vez nesse cargo, apressou-se em agir. Seis dias depois de sua nomeação, foi baixado um Edito a Respeito de Religião, exigindo ortodoxia entre os pregadores. Em dezembro do mesmo ano, foi baixado um Edito de Censura, reprimindo escritos irreligiosos. A oposição a essas medidas foi feroz e as tentativas de Wöllner para sufocar as críticas não foram muito bem-sucedidas. Finalmente, para impor sua política Wöllner criou, em maio de 1791, uma espécie de Inquisição Protestante, a *Immediat-Examinations-Komission*, cujos dois membros mais ativos foram Gottlob Friedrich Hillmer (1756-1835) e o pregador silesiano Hermann Daniel Hermes, ambos membros da ordem rosacrucianista. *A Kommission* estabeleceu uma espécie de polícia secreta eclesiástica para informar sobre professores de teologia, pregadores e mestres-escola discordantes.

Durante algum tempo as vozes dissindentes foram silenciadas, mas por muito pouco tempo. Quando Hermes e Hillmer estavam visitando as universidades prussianas para verificar a ortodoxia de suas faculdades teológicas, encontraram em Halle estudantes rebelados e foram forçados a bater em retirada. Quando foi feita uma tentativa de punir os criminosos, verificou-se que não era tão fácil. As autoridades universitárias recusaram assumir a responsabilidade e, a essa altura, as extravagâncias de Hermes e Hillmer já se haviam tornado uma fonte de embaraço para Wöllner. O rei já estava cansado de todo o negócio e, no final, o caso foi abandonado.

Em 1794, o rei deve ter tido dúvidas sobre o sucesso dos esforços de Wöllner e criticou-o por sua falta de zelo – estranha crítica, pois, se de alguma coisa Wöllner podia ser culpado, era de excesso de zelo. Depois disso, nunca mais Wöllner recuperou o favor do rei.

Embora Wöllner possa não ter sido uma figura agradável, era um homem honesto, que acreditava ser certo aquilo que estava fazendo. Deixando de lado suas atividades religiosas, ele fez muita coisa para corrigir as duras condições em que viviam os pobres sob Frederico, o Grande. Fala em seu favor o fato de nunca ter usado seu poder para enriquecer e ter morrido relativamente pobre.

Bischoffswerder era também à sua maneira um homem honesto, menos impopular do que Wöllner porque estava menos sob as vistas do povo e nunca procurou para si qualquer cargo no governo civil. Contentou-se em servir como *aide-de-camp* do rei e era major-general quando Frederico Guilherme morreu.

Epstein observou, a respeito de Wöllner e Bischoffswerder, que "eles podem ser descritos como os primeiros políticos conscientemente conservadores na história alemã, políticos no sentido honroso do termo – homens ávidos de poder para poder executar seus princípios".

O poder desses dois homens desapareceu com a morte de Frederico Guilherme em 1797. Quando seu filho, Frederico Guilherme III, subiu ao trono, toda a camarilha rosacrucianista foi afastada da corte. Bischoffswerder reformou-se cedo no exército, com a idade de cinqüenta e seis anos, e retirou-se para a propriedade rural polonesa que lhe fora dada por Frederico Guilherme II. Lá viveu tranqüilamente até sua morte. Wöllner teve destino um pouco pior. Demitido indelicadamente e sem pensão, retirou-se para a propriedade de Gross Rietz, comprada com dinheiro de sua esposa em 1790, onde viveu o restante de seus dias, ganhando precariamente a vida como senhorio, amargurado e deprimido, mas respeitado por seus vizinhos. O Edito a Respeito de Religião nunca foi oficialmente abolido, mas permitiu-se que caísse em desuso. O poder político da Gold-und Rosenkreuz estava no fim e havia terminado um estranho episódio na história alemã.

No sul, a ordem estava igualmente em declínio. Após a proibição da alquimia na Áustria-Hungria em 1785, a ordem estivera inativa. Depois, em 1790, surgiu à superfície novamente por um período, sob o Imperador Leopoldo II, que se interessava também por alquimia. Mas Leopoldo morreu em 1792, depois de curto reinado, e sob seu sucessor, Francisco II, foi imposta outra proibição. A ordem deve ter continuado subterraneamente durante algum tempo, pois um manuscrito alquímico-rosacrucianista, *Aleph*, de Archarion, que se encontra na Biblioteca Nacional da Áustria, é datado de 1802.

Depois disso nada mais parece ter sido ouvido sobre a ordem. Mas em outro lugar o movimento rosacrucianista estava entrando em uma nova fase.

9

O renascimento na França

Quanto mais tempo viajamos a partir da era dos manifestos, mais bizarros e exóticos são os renascimentos do Rosacrucianismo e mais sobrecarregados de outras tradições e simbologias. Um dos mais vigorosos desses renascimentos ocorreu na França e nós podemos encontrar suas origens no fim do século XVIII, quando os graus rosacrucianistas começaram a ser introduzidos na Maçonaria francesa. Em uma nota de rodapé do Capítulo Quinze de *The Brotherhood of the Rosy Cross*, A. E. Waite escreve:

> As correspondências alquímicas da Maçonaria Rosa Cruz estão desenvolvidas especialmente na Eminent Ordre des Chevaliers de L'Aigle Noir, Capítulo Soberano que se afirma ter sido estabelecido em Marselha em 1761. Era um Rito de Dois Graus, o primeiro dos quais oferece uma mistura muito curiosa de simbolismo cabalístico e hermético, enquanto o segundo é um código do Décimo-Oitavo Grau, tendo acentuados desenvolvimentos para ligar seu período emblemático com a morte e Ressurreição de Jesus Cristo. Em um discurso ligado ao primeiro grau, ouvimos falar em Raymond Lully, descrito como um grande filósofo que realizou o casamento celeste do Esposo com as Seis Virgens, de cuja união foi gerado o Messias por ele esperado, um perfeito ouro de transmutação. Ele ofereceu esse tesouro ao Rei da Inglaterra, que com ele fez moedas, tendo uma Cruz de um lado e uma Rosa do outro.

Outros ritos maçônicos marginais, como os de Memphis e Mizraim, também tiveram graus rosacrucianistas. A Maçonaria rosacrucianista é agora amplamente praticada como o chamado "Décimo-Oitavo Grau", que na Inglaterra é um dos graus do Antigo e Aceito Rito (Escocês) (Ver Apêndice).

Em um livro anterior,[1] eu discuti as razões do ressurgimento de idéias ocultistas e mágicas no clima superficialmente racional da França do século XVIII. Foi a era que produziu o Comte de Saint Germain e Martines de Pasqually, com sua Ordem dos Cohens Eleitos, que praticava um tipo altamente individual de ritual mágico. Nesse meio, idéias rosacrucianistas parecem ter-se infiltrado da Alemanha e há sinais de que vários grupos rosacrucianistas franceses estavam em ação pelo menos já na década de 1790. Estou aqui falando especificamente de organizações rosacrucianistas e não de graus rosacrucianistas maçônicos.

Um indício que temos disso (embora se admita que deve ser tomado com cautela) é um documento registrando a admissão de um inglês, Dr. Sigismund Bacstrom, na Sociedade da Rosa Cruz, pelo Comte de Chazal, na ilha Mauritius, em 12 de setembro de 1794.[2] Há no documento referências a várias mulheres que foram iniciadas na ordem, inclusive Semíramis, rainha do Egito, Miriam, a profetisa, Peronella, esposa de Nicolas Flamet, e Leona Constantia, Abadessa de Clermon, que foi recebida em 1736. Waite, que tende a pensar que existem alguns fatos por trás da data de 1736, conclui que o documento "liga-se a um período pré-ritual da Ordem, que pode ter correspondido ao processo de 1710 ou mesmo antes. Há também na história da alquimia em geral traços de que a Arte Secreta foi perpetuada assim de Mestre para um discípulo escolhido. A *Societas Rosae Crucis* estava obviamente assegurando sua transmissão de idade para idade... Minha conclusão é que o Comte de Chazal pertencia a um ramo da Ordem que não deve ser identificado com a Dourada Rosa Cruz, como existia em 1777; suas raízes talvez possam ser atribuídas ao sistema de que Sigmund Richter se tornou porta-voz em seu trabalho sobre a Pedra Filosofal ou algum desenvolvimento anterior. Parte do documento diz o seguinte:[3]

> Eu, Sigismund Bacstrom, prometo aqui da maneira mais sincera e solene, observar fielmente os seguintes artigos durante todo o curso de minha vida natural, até o máximo de meu conhecimento e capacidade: artigos que eu aqui confirmo por juramento e pela minha própria assinatura aqui anexada...
>
> 1º Sempre me conduzirei até o máximo de minha força como convém a um membro digno, com sobriedade e piedade, e me

esforçarei para mostrar-me agradecido à Sociedade por favor tão distinto quanto o que agora recebo, durante todo o curso de minha vida natural.

2º Para que a augusta Sociedade possa ser protegida contra escárnio, insulto e perseguição, eu nunca divulgarei abertamente que sou membro, nem revelarei o nome pessoal de membros que conheço no presente ou possa conhecer daqui para diante.

3º Prometo solenemente que nunca durante toda minha vida revelarei publicamente o conhecimento que recebo no presente da Sociedade ou de um de seus membros ou que possa receber em período futuro, nem mesmo privadamente, mas conservarei nossos segredos secretos.

4º Prometo aqui que, para benefício de homens bons, instruirei antes de partir desta vida uma pessoa ou duas pessoas, no máximo, em nosso conhecimento secreto e iniciarei e receberei tal pessoa (ou pessoas) como membro aprendiz em nossa Sociedade, da mesma maneira como fui iniciado e recebido; mas só pessoa que eu acredite ser verdadeiramente digna e de mente reta e bem-intencionada, conduta imaculada e vida sóbria, e desejosa de conhecimento...

5º Eu declaro aqui que pretendo com a permissão de Deus começar o Grande Trabalho com minhas próprias mãos, tão logo circunstâncias, saúde, oportunidade e tempo permitam, 1º, que eu possa com isso fazer o bem como fiel despenseiro e, 2º, que eu possa merecer a continuada confiança que a Sociedade depositou em mim na qualidade de membro aprendiz.

6º Prometo ainda solenemente que (se eu realizar o Grande Trabalho) não abusarei do grande poder confiado a mim parecendo grande ou exaltado ou procurando parecer em caráter público no mundo, correndo atrás de vãos títulos de nobreza e vã glória, que são todos fugidios e vãos, mas me esforçarei para levar uma vida sóbria e ordeira, como convém a todo cristão. Ainda que não seja possuidor de tão grande bênção temporal, dedicarei considerável parte de minha abundância a obras de caridade privada, a pessoas idosas e profundamente aflitas, a crianças pobres e acima de tudo a amar Deus e agir corretamente, e evitarei encorajar a indolência e a profissão de mendigos públicos.

7º Eu comunicarei toda descoberta nova ou útil relacionada com nosso trabalho ao membro mais próximo de nossa Sociedade...

8º Eu além disso prometo solenemente... que, por outro lado, não assistirei, ajudarei ou apoiarei com ouro ou com prata qualquer governo, rei ou soberano, exceto pagando impostos, nem, por outro lado, qualquer populaça ou grupo particular de homens para permitir-lhes revoltar-se contra o governo...

9º Eu não construirei igrejas, capelas nem hospitais e caridades públicas, pois já há número suficiente de tais edifícios públicos e instituições, bastando apenas que se apliquem apropriadamente...

10º Eu prometo aqui que nunca serei ingrato para com o digno amigo e irmão que me iniciou...

11º Se eu... encontrar qualquer pessoa que possa intitular-se Irmão da Rosa-Cruz, examiná-la-ei para saber se ela pode darme explicação apropriada do Fogo Universal da Natureza e de nosso magneto para atrair e ampliar aquele sob a forma de um sal... e se ela tem bom conhecimento de nosso trabalho e se conhece o dissolvente universal e seu uso...

12º Se aprouver a Deus permitir-me realizar nosso grande trabalho com minhas próprias mãos, eu darei louvor e agradecimento a Deus em humilde prece e dedicarei meu tempo a fazer e promover todo bem que esteja em meu poder e a procurar conhecimento verdadeiro e útil.

13º Eu prometo aqui solenemente que não encorajarei maldade e devassidão, ofendendo assim Deus, pela administração do remédio para o corpo humano, nem o *aurum potabile* para um paciente ou pacientes infectados pela doença venérea.

14º Eu prometo que nunca darei o remédio metálico fermentado para transmutação a qualquer pessoa viva, nem um único grão, a menos que a pessoa seja um membro iniciado e recebido da Rosa Cruz.

A Sociedade da Rosa-Cruz, na qual o Dr. Bacstrom foi iniciado, era claramente, como a Gold-und Rosenkreuz, alquímica em sua ênfase. A respeito do iniciador de Bacstrom, o Conde de Chazal, sabemos alguma coisa pelo manuscrito de Bacstrom, *Anecdotes of the Comte de Chazal, F ∴ R ∴ C ∴* que Waite resume em seu *Brotherhood*. Reproduzo parte desse resumo:

(1) As relações com de Chazal começaram em Mauritius. (2) Ele é descrito como o mais erudito, assim como o mais opulento,

> homem da ilha... (3) Diz-se que ele educou uma centena de moças órfãs e forneceu-lhes dotes de casamento em um total de um milhão de piastras. (4) Suas caridades mais privadas foram também muito numerosas. (5) Quanto à fonte de sua renda, ele recebia anualmente consideráveis somas de Bordéus. (6) O Dr. Bacstrom afirma que inspecionou um manuscrito com a letra do Conde, contendo um relato de suas experiências e curas por meio de magnetismo animal, eletricidade e galvanismo. (7) Embora residindo na época em Mauritius, ele tinha conhecimento de tudo quanto ocorrera em Paris durante os horrores da Revolução Francesa, inclusive a execução do Rei e Rainha franceses, quando estava suspensa toda a comunicação entre a França, Mauritius e a ilha adjacente de Bourbon.

Vemos por aí que Chazal tinha a reputação de adepto rosacrucianista na tradição de Saint Germain. Inevitavelmente, era-lhe atribuído o conhecimento da transmutação e Bacstrom relata ainda como foi levado ao laboratório de Chazal, onde testemunhou a produção de: "(a) ouro de trinta quilates, mas excessivamente quebradiço; (b) ouro muito glorioso e dútil de vinte e quatro quilates; (c) um ouro de cor ainda mais gloriosa, um pouco mais pesado que o anterior."

Afora o manuscrito de Bacstrom, há poucos indícios escritos de atividade rosacrucianista francesa nesse período, exceto da Maçonaria Rosa-Cruz, que era realmente um fenômeno separado. Outro indício, porém, é um manuscrito encontrado entre os papéis da discípula de Eliphas Levi, Mary Gebhard, intitulado *La Clef de Sapiens des Frères de la Rose Croix*. Não tem data, mas uma legenda em um desenho diz: "Gravura cabalística e hermética encontrada na posse de um judeu, em 1772, por Alliette". Este Alliette, mais conhecido pelo pseudônimo de Etteilla, era um cartomante que formou uma sociedade de entusiastas do Tarot, a qual continuou depois de sua morte em 1791. O documento que mencionei pode ter partido desse grupo do próprio Etteilla. Tem a forma de uma série de fórmulas alquímicas, muito na tradição dos textos da Gold-und Rosenkreuz.

Até a última parte do século XIX, o Rosacrucianismo na França continuou sendo coisa bastante indefinida, mas, no surto de ocultismo que se seguiu a Eliphas Levi, foi trazido aos olhos do público pelas atividades de dois curiosos personagens, o Marquis Stanislas de Guaita e Joséphin Péladan, que juntos fundaram em 1888 a *Ordre Kabhalistique de la Rose Croix*, Ordem Cabalística da Rosa Cruz.

De Guaita era descendente de uma família lombarda. Seu trisavô casara-se com a filha de um barão francês e, com isso, herdara uma propriedade em Alteville, na Lorena, onde Stanislas nasceu em 1861. Depois de receber instrução jesuítica em Dijon e Nancy, foi para Paris acompanhado por seu velho amigo de escola Maurice Barrès, que posteriormente de tornou distinto escritor e político. De Guaita adquirira naquele tempo paixão pela poesia. Embora pretendesse diplomar-se em direito, logo se empenhou em escrever versos e em 1881 publicou sua coleção Oiseaux de Passage, que foi seguida por duas outras, *La Muse Noire* e *Rosa Mystica*. Foi seu amigo Catulle Mendès que o introduziu no ocultismo, aconselhando-o a ler Eliphas Levi. A experiência foi uma revelação. A partir daquele momento, escreveu de Guaita a um amigo: "dediquei-me inteiramente ao ocultismo e pus-me a pesquisar e ler tudo quanto fora escrito sobre as ciências ocultas. Pouco depois, travei conhecimento com Péladan e, depois, com Barlet e Papus".[4]

Péladan (1858-1918) foi uma personagem que encarnou tudo quanto era excêntrico e *fin de siècle*. Seu pai era mestre-escola e editor de um fervoroso jornal católico e monarquista, cujo fanatismo religioso ia ao extremo de tentar iniciar um culto baseado em um hipotético sexto ferimento de Cristo. De seu pai, Joséphin herdou um catolicismo extremado e de seu irmão mais velho, Adrien, derivou seu interesse pelo misticismo. Adrien era um médico homeopata, cabalista e orientalista, que foi iniciado em um grupo rosacrucianista em Toulouse em 1858.[5]

Depois de uma carreira como empregado de banco, Péladan estabeleceu-se como propagandista do ocultismo, dando a si próprio o nome de Sar Mérodack Péladan. Sar é a palavra assíria que corresponde a rei e Mérodack (ou Marduck), o deus caldeu associado a Júpiter. O nome foi escolhido também por sua semelhança com Merodach Baladan, Rei da Babilônia mencionado em Isaías, 39. O Sar era um homem de aparência impressionante, com uma barba grossa e preta, uma grande grenha encaracolada e olhos escuros, ligeiramente protuberantes, olhando por baixo de espessas sobrancelhas. Apresentava uma figura colorida nos cafés de Montmartre, onde desfilava em uma variedade de trajes. Às vezes usava uma batina de monje, outras vezes um gibão com calções de veludo orlado de rendas.

Mas Péladan não era um *poseur* vazio como se poderia supor. Por trás do exterior afetado havia uma mente muito original e criativa, de grande versatilidade. Foi entre outras coisas autor de uma série de notáveis romances, *La Décadence latine,* alguns com temas ocultistas, uma importante figura literária na França e outros países, embora por alguma razão nunca tenha conseguido seguidores na Inglaterra e o catálogo da Biblioteca Britânica nem mesmo contenha seu nome. Na Alemanha, suas obras foram publicadas em tradução e uma delas teve prefácio do dramaturgo sueco Strindberg, que também tinha tendências ocultistas.

O livro que reuniu Péladan e Guaita foi *Le Vice suprême*, primeiro volume de *La Décadence latine* de Péladan. Depois de lê-lo, de Guaita escreveu ao autor: "Foi seu *Vice Suprême* que me revelou (a mim, um cético, embora respeitador de todas as coisas sagradas) que a Cabala e Alta Magia podem ser mais do que mera mistificação". [6]

O resultado foi um encontro e uma longa correspondência entre os dois, que os mostra começando como mestre e discípulo, e posteriormente desenvolvendo estreita amizade, na qual se tratavam como Mérodack e Nébo, sendo este último o nome do deus caldeu associado a Mercúrio. No devido tempo, de Guaita começou a publicar obras ocultistas próprias e, em 1888, lançou sua Ordem Cabalística da Rosa-Cruz. Esta ordem era dirigida por um conselho supremo de doze pessoas, seis das quais conhecidas e seis desconhecidas. É provável que as seis desconhecidas nunca tenham existido, mas era então *de rigueur* para uma ordem rosacrucianista ter alguns chefes secretos. O *unbekannten Oberen* havia-se introduzido na mitologia rosacrucianista.

Os principais participantes da ordem eram: de Guaita, o chefe supremo; Péladan; Papus (nome verdadeiro, Dr. Gérard Encausse); Marc Haven; o Abbé Alta (nome verdadeiro, Abbé Melinge); o escritor Paul Adam; e François-Charles Barlet (nome verdadeiro, Alfred Faucheaux, funcionário civil, astrólogo e entusiasta da alquimia).

Os membros da ordem passavam por três graus de iniciação, que eram, em linha ascendente: bacharelado, licenciatura e doutorado da Cabala. Cada um deles exigia a aprovação em exames. O propósito da ordem era tríplice: primeiro, estudar as classes de ocultismo; segundo, entrar em comunhão espiritual com o Divino através de meditação; e, terceiro, difundir a palavra entre os não-iniciados.

O roteiro do primeiro exame envolvia o estudo de: (1) história geral da tradição ocidental, com particular ênfase na Rosa-Cruz; (2) formação das letras hebraicas, seus nomes e seu simbolismo. O segundo consistia (1) na história geral da tradição religiosa através dos tempos, com especial referência à unidade de dogma por trás de todas as simbologias; (2) no conhecimento da constituição de palavras hebraicas. Esta parte do exame era oral e precisava ser acompanhada de um trabalho tratando de uma questão filosófica, moral ou misteriosa. [7]

O fervoroso catolicismo de Péladan logo o pôs em conflito com os outros membros da Ordem Cabalística da Rosa-Cruz e, em 1890, ele se afastou para formar um grupo próprio, *L'Ordre de la Rose Croix Catholique, du Temple et Graal,* anunciando o movimento em uma carta a Papus, que foi publicada no jornal do último, *L'Initiation.* Com isso, Péladan esperava levar o ocultismo de volta à ala da Igreja. O objetivo da Rosa-Cruz Católica era executar obras de caridade com vistas a preparar-se para o reino do Espírito Santo.

Os membros da ordem de Péladan eram divididos em três graus, em linha ascendente: escudeiros, cavaleiros e comandantes. Os comandantes eram designados para os diferentes Sephiroth da Árvore da Vida. Gary de Lacroze, por exemplo, era Comandante do Tiphereth, enquanto o Comte Léonce de Larmandie era Comandante do Geburah. As reuniões da ordem realizavam-se no apartamento de Péladan, na Rue Notre-Dame-des-Champs, onde ele oficiava vestido em um traje de monje com uma cruz rosada no peito.

De Guaita ficou alarmado com as atividades da ordem rival e enviou uma lamentosa carta a Péladan: "Lamento", escreveu ele, "que a provocação mais ou menos indireta de sua R+C+C+ nos obrigue a protestar energicamente contra ela. É importante tornar conhecido dos estudantes de ocultismo que suas doutrinas são exatamente o oposto de todas as tradições rosacrucianistas e que nenhuma relação podemos ter com os atos de loucura voluntária que você vem crescentemente perpetrando há um ano sob o rótulo de Rosa Cruz".

Péladan evidentemente respondeu sugerindo um encontro para aplainar as divergências e acusando de Guaita de ser desnecessariamente agressivo. De Guaita, por seu turno, respondeu que "uma conversação não aplainaria coisa alguma" e assinou a carta com a seguinte expressão: "Seu, e *bon voyage*, Guaita". A reconciliação era então claramente impossível e, no devido tempo, de Guaita divulgou uma denúncia formal contra Péladan, declarando-o "cismático e apóstata rosacrucianista".

A essa altura, porém, a ordem de Péladan gozava considerável sucesso. A Rosa-Cruz Católica era, de fato, mais do que uma ordem ocultista. Péladan a encarava como um núcleo do qual surgiria todo um conjunto de valores religiosos, morais e estéticos. Assumiu o papel de porta-estandarte no terreno das artes plásticas, música e drama, desempenhando-o com considerável eficiência.

Em *L'Art Ochlorocratique*, Péladan escreveu: "O artista deve ser um cavaleiro em armadura, ardorosamente empenhado na busca simbólica do Santo Graal, um cruzado travando guerra perpétua contra a burguesia!" Para promover esse ideal, instituiu uma série de exposições, os Salons de la Rose-Croix, dos quais o primeiro se realizou em 1892 e foi um grande sucesso. O propósito dessas exposições, declarou Péladan, era restabelecer o culto do ideal, com ênfase na beleza e tradição. Nada experimental ou modernista era permitido, como não o eram também os temas naturalistas. As telas preferidas eram aquelas que tratavam de temas católicos, místicos ou espirituais. Os salões realizaram-se durante cinco anos e atraíram alguns nomes conhecidos no mundo das artes, como Gustave Moreau, Félicien Rops e Georges Rouault.

Péladan era ativo também no mundo do drama, como empresário, dramaturgo e diretor. Entre as peças encenadas por seu Théatre de la Rose-Croix estavam duas obras "perdidas" de Ésquilo, que ele afirmava haver descoberto: *Prometeu, Portador do Fogo* e *Prometeu Libertado*. Essas obras formavam supostamente uma trilogia, com *Prometeu Acorrentado*. Péladan apresentou também peças com títulos mais místicos e exóticos, como *Le Mystère du Graal*, *Le Mystère des Rose-Croix* e *Babylone*, "uma tragédia wagneriana em quatro atos".

No terreno da música, Péladan teve considerável influência. Era wagnerista fanático e sua defesa do compositor alemão provavelmente teve muito a ver com a popularidade de Wagner na França. Tendo fundado uma escola e um teatro rosacrucianistas, era natural que Péladan formasse uma orquestra rosacrucianista. Seu compositor semi-oficial era Erik Satie, que mais tarde tornou-se nome conhecido no mundo musical. Satie compunha música para as peças e rituais de Péladan, mas afastou-se depois de um ano, em 1892, para formar seu próprio grupo, a Igreja Metropolitana de Arte de Jesus, o Regente.

A ordem de Péladan morreu com ele em 1918, mas a Ordem Cabalística da Rosa-Cruz sobreviveu à morte de Guaita em 1897 e teve amplas ramificações no século XX. Parece ter sido continuada por Joanny Bricaud, conhecida por diversos livros eruditos sobre a história do ocultismo, e depois, em 1932, por Constant Martin Chevillon, que foi fuzilado como refém pela Gestapo em 1944. Diversos grupos rosacrucianistas nos Estados Unidos afirmam derivar sua autoridade de vários ramos do movimento rosacrucianista francês.

10

A Aurora Dourada, seus antecedentes e ramificações

O mais impressionante fruto que cresceu na árvore rosacrucianista foi sem dúvida a Ordem Hermética da Aurora Dourada, sociedade mágica que apareceu na Inglaterra na década de 1880 e cujas ramificações estão ativas ainda hoje. A Aurora Dourada, como escreveu Gerald Yorke, "com sua Ordem Interna da Rosa de Rubi e Cruz de Ouro (R. R. et A. C.), foi a glória culminante do renascimento ocultista do século XIX. Sintetizou em um todo coerente um vasto corpo de material desconexo e amplamente disperso e fundiu-o em um sistema prático e eficiente, o que não pode ser dito de qualquer outra ordem ocultista de que tenhamos conhecimento naquele tempo ou a partir de então.[1]

Ultimamente, muita coisa tem sido escrita a respeito da Aurora Dourada e não é minha intenção fazer um resumo completo de sua história e seus ensinamentos. Contudo, é relevante aqui examinar o desenvolvimento dos elementos rosacrucianistas específicos na Aurora Dourada e considerar a forma determinada que tomaram nos rituais da Ordem Interna.

Na Aurora Dourada reuniam-se diversos fios ocultos, sendo um deles o fio do rosacrucianismo maçônico. Não se sabe ao certo quando os graus rosacrucianistas começaram a ser usados na Maçonaria. Conforme mencionei no capítulo anterior, um Grau de Rosa-Cruz estava sendo usado na França já em 1754 e grau semelhante, a Rosa-Cruz de Heredom, foi introduzido na Maçonaria britânica como Décimo-Oitavo Grau do Antigo e Aceito Rito (Escocês) (Ver Apêndice).

Na década de 1860, o interesse por assuntos rosacrucianistas já crescera neste país o suficiente para justificar a formação de um grupo maçônico dedicado a seu estudo. Foi ele a Sociedade Rosacrucianista da Inglaterra, posteriormente latinizada para *Societas Rosicruciana in Anglia* (geralmente chamada *Soc. Ros.* ou SRIA). Foi fundada em 1866 por Robert Wentworth Little (1840-78), funcionário administrativo da United Grand Lodge of England, no Freemasons' Hall, em Londres. A *Soc. Ros.*, que está ainda em funcionamento, adaptou o sistema de graus usado pela Gold-und Rosenkreuz alemã e é possível que Little tenha adquirido alguns documentos emanados daquela ordem. Se possuía esse material, Little foi possivelmente ajudado na tarefa de adaptação por outro ocultista, Kenneth Mackenzie (nascido em 1833), que conhecia alemão e afirmava haver recebido iniciação de adeptos rosacrucianistas alemães. Mackenzie era um personagem curioso: arqueólogo, ocultista e amador em ritos maçônicos marginais. Foi durante algum tempo membro da *Soc. Ros.*, mas retirou-se dela em 1875, expondo suas razões em uma carta a seu companheiro ocultista Dr. Wynn Westcott, em 24 de março de 1881:

> Eu não tenho rituais da Sociedade Rosacrucianista Inglesa em minha posse, exceto quanto ao grau de Zelador, que, como você sabe, Little remodelou do grau (uma palavra ilegível) americano e realmente nada tem a ver com o verdadeiro rosacrucianismo. É por isso que sempre me mantive distante da Sociedade Inglesa nos últimos anos. Possuo os verdadeiros graus, mas não tenho autoridade para dá-los a quem quer que seja no mundo sem longa e severa provação, a que poucos consentiriam submeter-se. Levei um quarto de século para obtê-los e todos os graus são diferentes de qualquer coisa conhecida da Rosi. Society of England – os poucos que têm esses graus não ousam transmiti-los. Leia novamente Jennings (Hargrave) e *Zanoni* (Bulwer-Lytton). Mesmo Lytton, que sabia tanto, era apenas um neófito e não foi capaz de responder quando eu o testei anos atrás. Como então pode Little sustentar que os tem? Eu sei quantos verdadeiros rosacrucianistas existem nesta ilha.[2]

O envolvimento (ou melhor, não-envolvimento) de Lord Lytton com a *Soc. Ros.* é uma história curiosa. Provavelmente por causa de seu romance "rosacrucianista", *Zanoni*, seu nome foi proposto e aprovado em votação como Grande Patrono Honorário da sociedade em 1871, mas sem seu conhecimento. Quando descobriu o que havia acontecido, escreveu a John Yarker, outro amador entusiástico da Maçonaria marginal e membro do colégio de Manchester da *Soc. Ros.* Yarker enviou uma resposta pedindo desculpas. Pelo que sabemos, Lytton nunca compareceu sequer a uma reunião da *Soc. Ros.*

É importante mencionar alguns outros membros destacados da *Soc. Ros.* Um deles foi o Dr. William Wynn Westcott (1848-1925), "coroner" do distrito nordeste de Londres, que ingressou na sociedade em 1880 e tornou-se Magus Supremo em 1891, após a morte do titular anterior, Dr. W. R. Woodman, que assumira após a morte de Little em 1878. Westcott era um homem tranqüilo e intelectualizado que, antes de tornar-se "coroner", passara dois anos em retiro em Hendon, estudando Cabala, Hermetismo e Rosacrucianismo.

Membro mais pitoresco da sociedade foi Samuel Lidell Mathers, aliás MacGregor Mathers (1854-1918), cujo amor pelas coisas celtas levou-o a alegar ascendência jacobita e o título de Comte de Glenstrae. Sobre seus verdadeiros antecedentes pouco se sabe, exceto que nasceu em Hackney, filho de um empregado do comércio, e foi educado na Bedford Grammar School. Além de seus interesses ocultistas, considerava-se também perito militar. Alegava ter o posto de tenente no Regimento de Infantaria de Hampshire e escreveu um livro intitulado *Practical Instructions in Infantry Campaigning Exercise*, que na verdade foi traduzido de um manual francês. É mais conhecido por seu *Kabbalah Unveiled*, uma tradução de *Kabbala Desnudata*, de Knorr von Rosenroth.

Westcott e Mathers foram os principais arquitetos de uma nova sociedade, a Ordem Hermética da Aurora Dourada, que nasceu em 1888 e era supostamente baseada na autoridade concedida em correspondência por uma adepta alemã chamada Fräulein Anna Sprengel. Ellic Howe, em seu *Magician of the Golden Dawn*, mostrou convincentemente que a correspondência era uma falsificação e que Fräulein Sprengel provavelmente nunca existiu. Isso, porém, não invalida a Aurora Dourada propriamente dita, cujos rituais eram quase inteiramente criação de Mathers.

Para avaliar uma ordem como a Aurora Dourada é útil ter em mente os princípios básicos com que funciona uma sociedade oculta. Em qualquer sistema oculto existe um conjunto de ideais ou metas representado por uma simbologia e o processo de dominar a simbologia é demarcado em uma série de graus, cada um dos quais tem seus rituais próprios. O caminho de iniciação oculta é cheio de perigos. Para começar, depende em parte do uso da imaginação e, sem um rígido sistema de controle, a estimulação da faculdade imaginativa pode causar desequilíbrio mental. Um segundo perigo resulta da necessidade de um sistema de hierarquia, pois não pode haver iniciação sem autoridade superior para conferi-la. Isto cria a possibilidade de disputas sobre quem detém a autoridade e as disputas podem tornar-se particularmente agudas quando a autoridade decisiva repousa em Chefes Secretos, *Unbekannten Oberen* ou *Superiores Desconhecidos*. Obviamente, qualquer um pode afirmar ter seus próprios contatos com os Chefes Secretos. Outra dificuldade resulta da escolha de simbolismo, pois não é fácil encontrar um conjunto de símbolos que toque realmente uma corda profunda na psique humana. Com muita frequência tentativas de síntese em simbolismo resultam em um amálgama confuso e ineficiente de sistemas diferentes.

A Aurora Dourada foi uma das pouquíssimas ordens que conseguiram – durante algum tempo – vencer esses obstáculos, particularmente o último. Mathers, ao preparar os rituais da Aurora Dourada, recorreu a numerosas fontes e conseguiu fundi-las de maneira tão eficaz que o sistema cerimonial por ele criado sobreviveu à própria ordem. Os ingredientes que entraram na receita de Mathers incluem Cabala, alquimia, Tarot, astrologia e muitas outras tradições, entre as quais a lenda rosacrucianista.

O membro da Aurora Dourada era levado através de uma série de graus correspondente ao sistema da Gold-und Rosenkreuz. Estendiam-se eles do Probationer, através do Neophyte, e teoricamente até o Adeptus Exemptus, com os três graus mais altos pertencendo aos Chefes Secretos. Na prática, o grau de Theoricus Adeptus Minor era o mais alto a que qualquer membro podia chegar.

Os quatro primeiros graus, excluindo-se o Neophyte, que era realmente um grau liminar, constituíam a ordem "externa" da Aurora Dourada. Eram eles Zelator, Theoricus, Practicus e Philosophus. Quando chegava ao grau de Philosophus, o candidato estava preparado para candidatar-se à admissão na ordem "interna", conhecida como *Ordo Rosae Rubeae et Aureae Crucis*, a Ordem da Rosa de Rubi e da Cruz de Ouro (R. R. et A. C., abreviadamente). Aqui Mathers, com seu gênio para inventar ritual, passou a trabalhar com a lenda de Christian Rosenkreuz e criou uma série muito impressionante e dramática de cerimônias, destinada a imbuir nos participantes o ideal rosacrucianista de serviço, auto-sacrifício e piedade.

Depois de passar pelo grau intermediário de Senhor dos Caminhos no Portal da Cripta dos Adeptos e esperar por um período de nove meses, o candidato estava preparando para entrar no primeiro grau da ordem interna. A cerimônia era realizada por três autoridades, um adepto-chefe e dois assistentes, e realizava-se em três estágios. A forma do ritual era destinada a reproduzir a descoberta da tumba de Christian Rosenkreuz e, dentro do templo onde se realizava a iniciação, havia uma cripta caprichosamente planejada, representando o local de sepultamento do Irmão Rosenkreuz. As paredes eram cobertas de símbolos cabalísticos, alquímicos e astrológicos, pintados em cores que seguiam correspondências ocultas. As paredes, em número de sete, representando os planetas, eram também pintadas em cores apropriadas. No forro branco havia uma rosa com vinte e duas pétalas (número de letras do alfabeto hebraico, dos caminhos da Árvore da Vida e dos trunfos do Tarot). O tema de rosa e cruz era freqüentemente repetido na decoração. No piso, por exemplo, havia uma cruz dourada unida a uma rosa vermelha de quarenta e nove pétalas; e no altar havia uma cruz preta com uma rosa de vinte e cinco pétalas.

No primeiro estágio da cerimônia, o aspirante, depois de solicitar admissão na ordem, é recusado e ouve uma palestra sobre as virtudes da humildade, o que é depois reforçado por sua ida até uma grande cruz de madeira à qual é amarrado, com as mãos enfiadas em nós, e cordas prendendo sua cintura e seus pés. Nessa posição, ele presta juramento, jurando, entre outras coisas, levar uma vida pura e altruística, guardar segredo sobre todas as coisas relacionadas com a ordem, sustentar a autoridade de seus chefes e, a partir daquele dia, dedicar-se ao Grande Trabalho, "que é purificar e exaltar minha Natureza Espiritual, para que possa finalmente, com a Ajuda Divina, conseguir ser mais do que humano e, assim, gradualmente elevar-me a unir-me a meu superior e Divino Gênio, e que nesse evento não abusarei do grande poder que me é confiado".

O aspirante é então solto da cruz, sendo-lhe feito depois um relato da vida e das obras de Christian Rosenkreuz, baseado no *Fama*. O terceiro adepto diz-lhe então: "Você agora deixará o Portal por pouco tempo e, após seu regresso, será realizada a Cerimônia de Abertura da Tumba".[3] São entregues então ao aspirante um bastão e uma *crux ansata* (isto é, uma *ankh* ou cruz de vida egípcia), que, conforme lhe dizem, assegurará sua readmissão.

Quando regressa, o aspirante descobre que o adepto-chefe não está mais ali. Ele fica parado diante da cripta, enquanto o segundo adepto explica a significação dos símbolos na porta da cripta. Entre eles se incluem as conhecidas faces do querubim de Ezequiel, o Touro, o Leão, a Águia e o Homem. O terceiro adepto prossegue:

Depois de examinar mais de perto a Porta da Tumba, você perceberá, como Frater N. N. e os que com ele perceberam, que embaixo do CXX na inscrição foram colocados os caracteres IX, assim:

POST CXX ANNOS PATEBO
IX

sendo equivalentes a Post Annos Lux Crucis Patebo – ao fim de 120 anos, eu, a Luz da Cruz, me revelarei. Pois as letras que formam LVX são feitas com ângulos da Cruz desmembrados e conjugados e 120 é o produto dos números de 1 a 5, multiplicados em progressão regular, dos quais o número cinco é simbolizado na Cruz pelas quatro extremidades e um ponto central.

O segundo adepto continua:

Na manhã seguinte, Frater N. N. e seus companheiros abriram à força a porta (que ele então escancara) e apareceu à vista dos três uma Tumba de Sete Lados e Sete Cantos. Cada lado tinha cinco pés de largura e oito de altura, igual ao que está fielmente representado diante de você.

O segundo adepto então entra e passa do norte para o leste da cripta e volta seu rosto para oeste. O terceiro adepto coloca o aspirante no lado norte, voltado para o sul, e assume seu lugar no sul, voltado para o norte. O segundo adepto passa então a descrever a significação das várias características da cripta, inclusive os ubíquos Touro, Leão e Homem. Após o aspirante ter feito vários outros votos, chegam os pontos altos da cerimônia. O segundo e terceiro adeptos afastam o altar de sua posição em cima do pastos. Levantam a tampa do pastos, revelando o Adepto-Chefe que se encontra dentro.

Após o aspirante e os dois outros adeptos terem prestado seus respeitos, o Adepto-Chefe, em sua posição deitada, com os olhos fechados, diz:

Enterrado com aquela luz em uma morte mística, erguendo-se novamente em uma ressurreição mística, limpado e purificado através d'Ele, nosso Mestre, ó Irmão da Cruz e da Rosa. Como

Ele, ó Adeptos de todas as idades, vós trabalhastes. Como Ele, sofrestes tribulação. Por pobreza, tortura e morte vós passastes. Elas não foram senão a purificação do Ouro.

No alambique de teu coração, através da fornalha de aflição, procura a verdadeira pedra do Mago.

O Adepto-Chefe apresenta então ao aspirante um cajado e um açoite, significando Compaixão e Severidade (duas das esferas da Árvore da Vida cabalística). Após terem sido feitas ao aspirante outras revelações sobre Christian Rosenkreuz, o pastos é fechado e o altar recolocado no lugar. O aspirante é então levado para fora do templo pela segunda vez.

Quando regressa para a terceira e última parte da cerimônia, descobre que o Adepto-Chefe saiu do pastos e que a sala foi novamente rearrumada. É feita então ao aspirante uma longa série de revelações sobre a significação das letras INRI e as cores correspondentes aos planetas e signos do zodíaco. O simbolismo colorido da cripta é também explicado com muitos pormenores. Finalmente, a cripta é arrumada como estava no começo e a cerimônia é encerrada. O aspirante emerge como Adeptus Minor iniciado.

Parafraseei esta longa e complicada cerimônia a fim de mostrar como elementos da lenda rosacrucianista original – a vida de Christian Rosenkreuz, a descoberta da cripta e o próprio símbolo da rosa-cruz – foram habilmente tecidos com outras imagens – tiradas da Cabala, Tarot, astrologia e alquimia – e vazados em linguagem sonora para produzir poderoso ritual. É interessante também como os motivos da visão de Ezequiel, Touro, Leão, Águia e Homem, que estavam velados nos escritos rosacrucianistas originais, aparecem agora como motivo principal. É improvável que Mathers ou Westcott tivessem estudado a *Naometria* ou possuíssem conhecimento da possível significação profética das figuras. Eles simplesmente as introduziram porque eram parte da coleção tradicional de imagens ocultistas. Mas era a lenda rosacrucianista que estava no centro do sistema da Aurora Dourada.

Outra cerimônia rosacrucianista, descrita no terceiro volume de *Golden Dawn*, de Regardie, é chamada simplesmente "Ritual da Rosa-Cruz". Não se trata de uma iniciação e pode ser realizada por um indivíduo. Regardie diz que ela "encerra a aura com proteção contra influências externas" e que é uma boa preparação para meditação.

A política interna e a desintegração final da Aurora Dourada foram tratadas pormenorizadamente em outros lugares, mas um de seus membros, A. E. Waite, merece especial atenção por causa de suas atividades rosacrucianistas posteriores. Waite, cuja história será contada pormenorizadamente em uma biografia de R. A. Gilbert que está para aparecer, foi uma curiosa mistura. Criado como católico romano, interessou-se por espiritualismo e fenômenos psíquicos, depois foi atraído pela tradição hermética em todas as suas formas. Durante sua vida escreveu numerosos livros sobre assuntos ocultos. Ingressou na Aurora Dourada em 1881, deixou-a logo depois e nela reingressou em 1896. Embora deixando de ser católico ativo, conservou amor pelo ritual e forte inclinação para o misticismo cristão, que lhe causaram aversão aos aspectos mágicos da Aurora Dourada. Em 1901, tornou-se maçom e foi durante algum tempo membro da *Societas Rosicruciana in Anglia*.

Waite tornou-se chefe do templo Ísis-Urânia da Aurora Dourada em 1903 e revisou completamente os rituais, dando-lhes ênfase menos mágica e mais mística. Sua reforma causou dissensão entre os membros e, em 1914, ele fechou o templo e em seguida estabeleceu uma nova ordem, a Fellowship of the Rosy Cross, cujos rituais publicou privadamente em 1916. Estes, como seus rituais revisados da Aurora Dourada, tinham ênfase cristã. Eram, porém, vagamente baseados nos da Aurora Dourada. Devo a R. A. Gilbert permissão para citar o Ritual do Neófito da ordem, que faz parte de sua coleção particular. É ele descrito como tendo sido "lançado pelo Frater Sacramentum Regis honrado imperator in ordine Rosae Crucis para a direção de celebrantes e uso de Frates e Sórores sob a obediência de templos autorizados". No início, há uma espécie de *imprimatur*: "Certificado em conformidade com a Secreta Doutrina e Conhecimento da Rosa-Cruz. Sacramentum Regis, Guardião do Mistério Secreto".

A cerimônia é presidida pelo "Nobre Frater Philosophicus, Mestre do Templo", que "usa um manto verde sobre seu hábito preto e um colar de seda vermelha, do qual pende uma lâmina circular, inscrita com a letra YOD. A cor verde do manto do Mestre representa o crescimento em vida que é de Deus. O símbolo do Leão está nele bordado, do lado esquerdo, com a inscrição: FACIES TERTIA, FACIES LEONIS. O mestre carrega um bastão encimado por uma Cruz do Calvário, tendo quatro círculos nas pontas dos quatro braços e um círculo na direção do centro do braço mais baixo".

O Mestre é assistido por um Practicus, um Theoreticus e um Zelator, cujos mantos mostram imagens dos três outros membros do quarteto obrigatório: a Águia, o Homem e o Touro. Participam também da cerimônia um Frater Thurificans, um Frater Aquarius e um Frater Ostarius.

É interessante comparar este ritual com o correspondente ritual do Neófito na Aurora Dourada Original. Na cerimônia da Aurora Dourada não há, por exemplo, menção à Rosa Cruz (o que não ocorre até um membro progredir mais), ao passo que no ritual de Waite ela é introduzida em toda oportunidade. Ademais, a cerimônia de Waite tem tom muito mais piedoso, com ênfase na procura de realização espiritual em lugar de conhecimento secreto. Aqui, por exemplo, está parte do procedimento da Aurora Dourada:

Hierofante: Herdeiro de um Mundo Agonizante, por que procuras entrar em nosso Sagrado Salão? Por que procuras tua admissão em nossa ordem?

O Hegemonte fala pelo candidato

Hegemonte: Minha alma vagueia nas Trevas e procura a Luz do conhecimento oculto e eu acredito que nesta Ordem pode ser obtido o Conhecimento daquela Luz.

A parte equivalente da cerimônia de Waite diz:

Mestre do Templo: Herdeiro da noite e do tempo, que procuras nos lugares da Alma?
Guia dos Caminhos (como porta-voz do postulante): Através das trevas do tempo e da noite, eu vim ao portão do Templo procurando a Luz que há dentro.

Essas diferenças entre as duas ordens concordam com a distinção feita por Gerald Yorke entre as abordagens "hermética" e "rosacrucianista", que é citada por Kathleen Raine em seu livro *Yeats, the Tarot and the Golden Dawn*:

Ordens herméticas como tais são cristãs apenas por incluírem algum Cristianismo, mas não dão destaque a ele. Ordens rosacrucianistas, por outro lado, são primordialmente cristãs, mas recorrem a outras fontes pré-cristãs. Em outras palavras, os hermetistas tentam sempre transformar Deus em sua forma antro-

> pomórfica ou, em alguns casos, teriomórficas. Inflamam-se com oração até tornarem-se Adonai o Senhor... ao passo que o cristão aproxima-se de Deus, o Pai, através de Cristo (Adonai), porém nunca tenta tornar-se Cristo, mas apenas tornar-se como Cristo. Assim, a abordagem hermética (ou pagã) é como Adonai para dar ordens à hierarquia contrária, e a abordagem rosacrucianista é dar ordens a ela através da graça de Cristo ou através do Poder de Seu nome.[4]

Na ordem de Waite vemos que a antiga Aurora Dourada "hermética" passou a ser totalmente rosacrucianizada", vale dizer, tudo é feito pelos participantes dentro do espírito de reverência à Divindade e não de identidade com ele.

Além de sua Fellowship of the Rosy Cross, Waite também dirigia uma ordem rosacrucianista "interna" ultra-secreta, chamada *Ordo Sanctissimus Rosae et Aureae Crucis*. Os membros desta não podem ter sido mais do que meia-dúzia e não há necessidade de nos preocuparmos com ela aqui. Leitores que desejam mais imformaçoes sobre o assunto devem esperar a biografia de R. A. Gilbert. A principal ordem de Waite, a Fellowship of the Rosy Cross, continuou até sua morte, em 1938. Depois desapareceu durante uns dois anos, mas foi revivida por seus seguidores e, pelo que sei, ainda existe atualmente. Acredito, porém, que é agora inteiramente composta de membros da *Societas Rosicruciana in Anglia* e, portanto, exclusivamente maçônica. Em sua forma original estava aberta a mulheres e a não-maçons. A SRIA propriamente dita também ainda está ativa.

11

O adepto rosacrucianista como herói e vilão

As possibilidades românticas da lenda rosacrucianista fizeram dela uma rica fonte de material para escritores. Seu uso na ficção e na poesia refletiram e modelaram a imagem popular da fraternidade e complementaram as várias tentativas de manter a ordem ativa. Antes de chegar à fase mais recente do Rosacrucianismo ativo, eu gostaria de examinar a maneira como a figura do adepto e outros aspectos da lenda rosacrucianista foram tratados na literatura.

O adepto rosacrucianista apresenta uma imagem pitoresca e aparece em uma grande variedade de papéis, às vezes maus, às vezes bons. Faz sua aparência inicial em um estranho trabalho intitulado *Le Comte de Gabalis*, do Abbé Montfaucon de Villars, publicado pela primeira vez em Paris em 1670. Este livro foi amplamente lido. Nele o narrador descreve como, com espírito de pesquisa imparcial, investigou o ocultismo e travou conhecimento com um cabalista alemão, o Conde de Gabalis. Em uma série de conversações, o conde expõe a teoria de espíritos elementais chamados Gnomos, Ninfas, Sílfides e Salamandras, os quais governam respectivamente a terra, a água, o ar e o fogo. Gabalis escandaliza o narrador ao descrever como essas criaturas se acasalam com mortais. Espanta-o também fazendo algumas afirmações extraordinárias. Zoroastro, diz ele, era filho de Salamandra Oromasis e de Vesta, esposa de Noé. Zoroastro viveu 1.200 anos como o mais sábio monarca do mundo e foi depois levado por seu pai para a região das Salamandras.

O narrador é um pouco cético quanto a tudo e trata o conde como uma figura paradoxal, às vezes impressionado por ele, outras vezes não convencido. O tom do livro é irônico e bastante leve, mas há passagens que fazem o leitor inclinar-se a levar de Gabalis a sério. Por exemplo, ao falar sobre astrologia, ele diz que "um sábio governa-se pelas Estrelas interiores, e as Estrelas do Céu exterior servem apenas para dar-lhe Conhecimento mais seguro dos Aspectos das Estrelas do Céu interior, que existe em cada criatura".[1]

Na versão original não há menção à palavra "Rosacrucianista", quer no texto quer no título. Mas quando apareceu uma tradução inglesa, tinha o título de *The Count of Gabalis: Being a Diverting History of the Rosicrucian Doctrine of Spirits*. Duas traduções inglesas foram publicadas em 1680, uma de Philip Ayres, outra de A. Lovell. Outra tradução apareceu em 1714. Uma seqüência apócrifa do livro também foi publicada por John Yarker no século XIX.[2] A publicação do volume de 1714 foi estimulada pelo aparecimento do divertido poema de Alexander Pope, *The Rape of the Lock*, que fez uso do conceito de espíritos de Gabalis.

O poema descreve um incidente que ocorreu entre dois amigos de Pope. Robert, Lorde Petre, havia cortado uma mecha do cabelo de Arabella Fermor e isso causara estremecimento entre as duas famílias. Outro amigo sugeriu a Pope que escrevesse um poema para acabar com o rompimento de relações e o resultado foi sua obra-prima satírica *The Rape of the Lock*, que apareceu pela primeira vez em 1712 e no qual é dado ao episódio um tratamento ligeiro.

Em sua carta dedicatória a Arabella, Pope explica que decidira usar, como parte do fundamento do poema, "a Doutrina dos Espíritos *rosacrucianista*". Prossegue: "Os rosacrucianistas são uma gente que preciso fazê-la conhecer. O melhor relato deles que conheço é um livro francês chamado *Le Comte de Gabalis*. De acordo com esses Cavalheiros, os quatro Elementos são habitados por Espíritos, que eles denominam Sílfides, Gnomos, Ninfas e Salamandras."[3] Essas criaturas pairam sobre os eventos do poema. As Sílfides, por exemplo, são extravagantemente descritas como guardando a mecha de cabelo de Arabella.

Outro poeta que fez uso de temas rosacrucianistas foi Goethe.[4] Depois de sua volta a Frankfurt em 1768, em seguida a um período de estudo em Leipzig, Goethe adoeceu e ficou acamado vários meses. Atribuiu sua recuperação ao fato de haver tomado um "sal" alquímico secreto e depois disso começou a praticar experiências de alquimia. Durante sua doença leu muito sobre assuntos herméticos, nos quais seu interesse foi despertado por sua amiga mística, Fräulein von Klettenberg. O Rosacrucianismo deve ter sido um dos assuntos sobre os quais leu e ainda estava interessado nele quando se mudou para Weimer, aos vinte e seis anos, a fim de tornar-se consultor do jovem Duque Carl August. A Rosa-Cruz destaca-se em seu poema inacabado, *Die Geheimnisse* (1784-85). Parte dele diz:

Und leichte Silber-Himmelswolken schweben,
Mit Kreuz und Rosen sich emporzuschwingen,
Und aus der Mitte quillt ein heilig Leben
Dreifacher Strahlen, die aus einem Punkte dringen;
Von keinen Worten ist das Bild umgeben,
Die dem Geheimnis Sinn und Klarheit bringen.

(Nuvens leves e prateadas elevam-se flutuando com Cruz e Rosas, e do meio salta uma vida sagrada de três raios partindo de um único ponto; nenhuma palavra precisa cercar essa imagem para dar sentido e clareza ao mistério.)

Goethe deixou de trabalhar no poema em abril de 1785. Cansara-se dele, mas talvez tenha havido uma razão adicional para abandoná-lo. Um mês antes, certos rosacrucianistas haviam conseguido fazer com que a ordem dos Illuminati Bávaros de Weishaupt fosse suprimida e perseguida pela polícia. Como mencionei no Capítulo Sete, os rosacrucianistas do século XVIII tendiam a ser politicamente conservadores, ao passo que os Illuminati eram radicais. Goethe pode ter achado com razão que a supressão dos Illuminati ia contra o verdadeiro ideal rosacrucianista de fraternidade. Weishaupt, que era titular da cadeira de Direito Canônico em Ingolstadt, entrara em conflito com elementos rosacrucianistas na Bavária. Um oficial de infantaria chamado Ecker estabelecera em Burghausen uma loja rosacrucianista que realizava estudos alquímicos. Provocou a ira de Weishaupt mandando um representante a Ingolstadt para recrutar estudantes, que o primeiro tinha em mira para sua própria ordem. Weishaupt escreveu que "a idéia de jovens tomarem parte na fabricação de ouro e absurdos semelhantes era-me insuportável".[5]

Embora possa ter simpatizado com Weishaupt em seu conflito com a ordem da Gold-und Rosenkreuz, Goethe não condenou o Rosacrucianismo como tal e o tema continuou a interessá-lo. Em 28 de junho de 1786, escreveu o seu íntimo amigo Frau von Stein: "Li todo o Casamento de Christian Rosenkreuz. Existe lá uma boa história de fadas para contar no devido tempo, quando será renascida. Ela não pode ser apreciada em sua velha pele".[6]

O "renascimento" ocorreu nove anos mais tarde quando Goethe publicou seu *Märchen* (Conto de Fadas) como parte da coleção de histórias *Unterhaltungen deutscher Ausgewanderten* (Conversações de Expatriados Alemães). Conta uma história muito fantástica envolvendo diversos personagens simbólicos, inclusive um barqueiro que vivia à beira de um rio, uma cobra que come ouro, dois fogos-fátuos e um homem com uma lâmpada, que desempenha papel central como uma espécie de figura de adepto. Aspecto proeminente na história é um templo subterrâneo no qual quatro figuras de rei fazem respectivamente ouro, prata, ferro e uma mistura dos três metais.

O tema e os acontecimentos têm pouca relação com o *Casamento Químico*, mas os dois trabalhos pertencem claramente ao mesmo gênero. Partilham um tipo especial de atmosfera, assim como certos temas como alquimia e a união de macho e fêmea. Ambos contêm também uma mensagem otimista de transformação próxima para a humanidade. No caso da história de Goethe, esta transformação é simbolizada pela elevação do templo que sai do chão e pelo repentino aparecimento de uma esplêndida ponte sobre o rio.

Em muitos relatos fictícios a figura do adepto rosacrucianista aparece sob luz mais sinistra. Um exemplo é o romance *St Irvyne, or the Rosicrucian*, de Percy Bysshe Shelley, escrito por ele anonimamente como "Um Cavalheiro da Universidade de Oxford" e publicado em 1811. A linguagem do parágrafo de abertura dá uma idéia do livro:

> Vermelhas nuvens de trovoada, carregadas nas asas do redemoinho da meia-noite, flutuavam, alternadamente, através da órbita carmesim da lua; a crescente ferocidade do vento soprava através dos enfezados arbustos, que, curvando-se sob sua violência, inclinavam-se para os rochedos de onde cresciam; sobre a enegrecida vastidão do céu, a intervalos, estendia-se o lampejo azul do relâmpago; brincava sobre as elevações graníticas e, com momentâneo brilho, revelava o terrífico cenário dos Alpes, cujos gigantescos e deformados cumes, avermelhados pelo luar transitório, eram cruzados por negros fragmentos esvoaçantes das nuvens tempestuosas... Nesta cena, nesta horrível e tempestuosa hora... encontrava-se Wolfstein.

O estilo grandioso tem pouca relação com o Shelley posterior, mas o trabalho tinha, ainda assim, certa força. Conta a história de um jovem chamado Wolfstein, filho pobre de uma nobre família alemã, que fora exilado por causa de um escândalo juvenil. No começo da história, ele se encontra nos Alpes com alguns bandidos, um dos quais é um misterioso indivíduo chamado Ginotti, homem de estatura gigantesca e presença dominante, que adquire estranho domínio sobre Wolfstein. Após Wolfstein ter deixado os bandidos, Ginotti segue-o com vários disfarces e finalmente tem com ele uma conversação, na qual explica que o impulso que o arrasta é um desejo de imortalidade.

"Desde minha mais tenra mocidade", conta ele, "antes de ser satisfeito por completa saciedade, *curiosidade* e um desejo de desvendar os mistérios latentes da natureza foram a paixão pela qual todas as outras emoções de minha mente eram intelectualmente organizadas. Este desejo levou-me primeiro a cultivar, com sucesso, os vários ramos de estudo que levam às portas da sabedoria". Prossegue explicando que adquiriu horror pela morte e depois descobriu o segredo do prolongamento da vida, que se propõe demonstrar a Wolfstein na cripta de uma abadia arruinada. Ali ocorre a cena final da história. O demônio aparece em um lampejo de relâmpago e um estrondo de trovão. "De repente, a estrutura de Ginotti torna-se um gigantesco esqueleto, mas duas pálidas e horríveis brilham em suas órbitas sem olhos." Wolfstein cai morto e Ginotti é condenado a "uma interminável e desesperada eternidade de horror".

Outra história na qual se vê o adepto rosacrucianista como figura má é um curioso romance intitulado *Die Rosenkreuzer in Wien* (Os Rosacrucianistas em Viena), de Eduard Breier, publicado em 1852. Descreve como membros de uma loja rosacrucianista de Viena empenham-se em várias atividades subversivas. Um deles, um homem chamado George Philipp Wucherer, imprime panfletos escritos por seu sobrinho sobre temas como a necessidade de bordéis em Viena. São visitados por um homem com uma venda negra sobre um olho, que depois se sabe ser Cagliostro e que anuncia: "A cidade de Viena, embora grande, não tem segredos para mim. Eu pertenço aos poucos privilegiados desta terra que experimentam tudo quanto desejam conhecer". Outro personagem é um velho de Berlim, chamado Barão Liebenstein, que chega a Viena com uma caixa cheia de equipamento alquímico e depois se vem a saber que é Mestre de Loja Rosacrucianista.

Uma opinião menos parcial sobre a fraternidade rosacrucianista é apresentada por Edward Bulwer-Lytton (posteriormente Lorde Lytton) em seu romance *Zanoni*.[7] O tema rosacrucianista é firmemente estabelecido na introdução, na qual o autor, apresentando-se como editor do texto, descreve como, quando jovem, tinha o hábito de freqüentar uma velha livraria em Covent Garden, cujas estantes empoeiradas estavam cheias de volumes sobre alquimia, astrologia, Cabala e assuntos correlatos. Seu proprietário, que Bulwer-Lytton chama pela inicial "D", era evidentemente bem versado nesses assuntos e sempre relutava em separar-se de seus livros. Sibylla Jane Flower, autora de um livro sobre Bulwer-Lytton a ser brevemente lançado, contou-me que essa loja existia e que o nome do proprietário era Denley. O que não se sabe é se o encontro descrito na introdução como tendo ocorrido na loja tem base em fatos.

"Aconteceu", diz o relato, "que alguns anos atrás, nos dias de minha mocidade, de literatura ou de vida, senti o desejo de conhecer a verdadeira origem da singular seita conhecida pelo nome de rosacrucianistas. Insatisfeito com os escassos e superficiais relatos encontrados nas obras geralmente indicadas sobre o assunto, pareceu-me possível que a coleção do Sr. D, que era rica, não apenas em letras impressas, mas também em manuscritos, contivesse alguns registros mais exatos e autênticos sobre aquela famosa fraternidade – escritos... quem sabe?... por alguém da própria ordem... Conseqüentemente, segui para onde, devia envergonhar-me de confessar, era sem dúvida um de meus lugares favoritos..."

Ao entrar na loja, o jovem encontra o proprietário em conversa com um freguês velho e de aparência venerável, que está sendo tratado por ele com grande respeito. Estão falando sobre uma "augusta fraternidade" e o jovem, empinando as orelhas, pergunta ao livreiro sobre material a respeito dos rosacrucianistas. O relato prossegue:

> "Os rosacrucianistas!", repetiu o velho cavalheiro, que por sua vez examinou-me com deliberada surpresa. "Quem senão um rosacrucianista poderia explicar os mistérios rosacrucianistas? E pode o senhor imaginar que algum membro daquela seita, a mais ciosa de todas as sociedades secretas, fosse ele próprio capaz de levantar o véu que oculta do mundo a Ísis de sua sabedoria?"

Depois de conversarem durante algum tempo, porém, o velho disse que caso se encontrassem de novo "eu talvez seja capaz de dirigir suas pesquisas para as fontes apropriadas de informação". Quatro dias depois, o jovem, passeando a cavalo, encontra o estranho aos pés de Highgate Hill, montado em um pônei preto e acompanhado por um cão preto. É convidado para ir à casa do velho, situada nas proximidades. Depois disso, torna-se visitante regular e beneficia-se do grande estoque de saber de seu amigo. O velho conta-lhe que escreveu um livro e obtém de seu jovem amigo a promessa de prepará-lo para o público. Em conseqüência, depois da morte de seu amigo, o jovem recebe um manuscrito cifrado, juntamente com uma chave. A tradução mostra-se tarefa difícil e toma-lhe vários anos. A narrativa resultante é apresentada como o texto de *Zanoni*.

Na história, Zanoni e seu mestre espiritual, Mejnour, são os últimos sobreviventes de uma antiga fraternidade e ambos prolongaram sua existência por meio do elixir da vida. Zanoni perde sua imortalidade apaixonando-se por uma mulher e finalmente sacrificando-se heroicamente por sua amada. Há no livro várias passagens que confirmam o tom rosacrucianista estabelecido na introdução. No início do Capítulo Cinco do Livro III, por exemplo, o narrador escreve:

> Venerável fraternidade tão sagrada e tão pouco conhecida, de cujos secretos e preciosos arquivos foram tirados os materiais para esta história; vós, que conservastes, de século para século, tudo aquilo que o tempo poupou da augusta e venerável ciência – obrigado a vós, se agora pela primeira vez um relato dos pensamentos e ações de luminares, não falsos e pretensos, de vossa Ordem é dado ao mundo, embora imperfeitamente. Muitos se disseram de vosso bando, muitos pretendentes espúrios foram assim chamados pela erudita ignorância que ainda, desorientada e perplexa, é levada a confessar que nada sabe sobre vossa origem, vossas cerimônias ou doutrinas, nem mesmo se ainda tendes habitação local na terra.

Bulwer-Lytton era evidentemente bem versado em literatura rosacrucianista. Lera *Le Comte de Gabalis*, pois o cita em *Zanoni*, e posteriormente correspondera-se com Hargrave Jennings, autor de *The Rosicrucians, their Rites and Mysteries*, publicado pela primeira vez em 1870. Jennings enviou a Lorde Lytton, como já era intitulado nessa época, um exemplar do livro, acompanhado de uma carta bastante triste. Descreveu como se sujeitara a prolongado trabalho literário por pouca recompensa e como levara uma vida econômica e comedida. Seu livro sobre os rosacrucianistas, dizia ele, custara-lhe vinte anos de pesquisa. O principal objetivo da carta era pedir a Lytton que "ajude a procurar para mim alguma posição ou lugar moderado e modesto... como secretário ou bibliotecário, ou como funcionário letrado, para serviços assemelhados nos quais eu sou muito capaz".

A resposta de Lytton é interessante pela luz que lança sobre sua atitude em relação aos rosacrucianistas:

> Prezado Senhor – Agradeço-lhe sinceramente sua lisonjeira carta e o trabalho profundamente interessante com que veio acompanhada. Existem razões pelas quais não posso entrar no assunto da "Fraternidade Rosacrucianista", uma sociedade ainda existente, mas não sob qualquer nome pelo qual possa ser reconhecida por aqueles fora de seu âmbito. Mas você traçou, com muito saber e muita perspicácia, sua ligação com religiões antigas e simbólicas, e nenhum livro melhor sobre esse tema já foi escrito ou mesmo poderá ser escrito, a menos que um membro da Fraternidade violasse o voto que o obriga a segredo... Estou verdadeiramente preocupado em saber que seus trabalhos literários foram menos produtivos em lucro do que em honra. E se souber de alguém que esteja precisando de um secretário ou assistente, não deixarei de recomendar-lhe que obtenha para ajudá-lo sua instrução e seus talentos.

Ao pé da carta há um *post-scriptum* que diz: "Há algum tempo, uma seita, pretendendo chamar-se "Rosacrucianistas" e arrogando-se pleno conhecimento dos mistérios da confraria, comunicou-se comigo e em resposta mandei-lhe o sinal cifrado do "Iniciado", que nenhum deles conseguiu interpretar". [8]

É fascinante saber por esta carta que Lytton podia afirmar positivamente que os rosacrucianistas ainda existiam, mas com outro nome. Sua menção a suas próprias "razões" para silêncio e o tom do primeiro parágrafo sugerem um envolvimento pessoal. Possivelmente seu relato na introdução de *Zanoni* é baseado em um encontro real com um membro de algum grupo rosacrucianista altamente secreto, que o iniciou ou revelou certas coisas e depois obrigou-o ao silêncio.

É difícil acreditar que Lytton realmente considerasse o livro de Jennings como o melhor que já fora ou poderia ser escrito por um não-iniciado. É obra extremamente confusa, que apresenta uma porção de informações irrelevantes. Ainda assim, foi muito lida e deve ter sido responsável pela idéia de numerosas pessoas a respeito do Rosacrucianismo. Jennings usa o título rosacrucianista como desculpa para divagar sobre tópicos como as torres redondas da Irlanda, o simbolismo da flor-de-lis, os menires da Bretanha, a Ordem da Jarreteira e a Távola Redonda do Rei Artur. O fio que corre através do livro é a crença de Jennings no culto universal de um princípio de fogo como força animadora no universo, representada no mundo físico pelo órgão sexual masculino. Mas o tema nunca é convenientemente desenvolvido e o livro inteiro é uma frustrante série de pistas falsas.

Fonte muito mais frutífera de material rosacrucianista foi a Ordem Hermética da Aurora Dourada, mencionada no capítulo anterior. Um de seus membros era W. B. Yeats, que, em seus poemas e histórias, apresenta muitas vezes temas rosacrucianistas e a imagem da rosa. Outro membro da Aurora Dourada foi Aleister Crowley,[9] cujo poema *The Rose and the Cross* foi publicado no *Oxford Book of Mystical Verse:*

Out of the seething cauldron of my woes,
Where sweets and salt and bitterness I flung;
Where charmed music gathered from my tongue,
And where I chained strange strange archipelagoes
Of fallen stars; where fiery passion flows
A curious bitumen; where among
The glowing medley moved the tune unsung
Of perfect love: thence grew the Mystic Rose.
Its myriad petals of divided light;
Its leaves of the most radiant emerald;
Its heart of fire like rubies. At the sight
I lifted up my heart to God and called:
How shall I pluck this dream of my desire?
*And lo! there shaped itself the Cross of Fire!**

---

* Do Caldeirão fervente de minhas dores,
Onde lancei doçura, sal e amargor;
Onde música encantada saiu de minha língua;
E onde acorrentei estranhos, estranhos arquipélagos
De estrelas cadentes; onde ferozes paixões escorrem
Um curioso betume; onde entre
A brilhante mistura ecoa a melodia não cantada
Do amor perfeito: lá cresceu a Rosa Mística,
Suas miríades de pétalas de luz dividida;
Suas folhas da mais radiante esmeralda;
Seu coração de fogo como rubis. A essa vista
Eu elevei meu coração a Deus e disse:
Como posso colher este sonho de meu desejo?
E eis que lá se modelou a Cruz de Fogo!

Crowley expressa aqui bela e vividamente os aspectos místicos do símbolo rosacrucianista. Outros escritores ligaram a Rosa-Cruz principalmente à alquimia. Um deles foi o físico e alquimista alemão, Demeter Georgiewitz-Weitzer (1873-1949), que escreveu diversos livros sob o nome de G. W. Surya, entre os quais trabalhos sobre métodos de cura paracelsistas e um romance, *Moderne Rosenkreuzer* (Modernos Rosacrucianistas), publicado em 1907 e relançado em 1914. Algumas informações sobre Surya são dadas em uma carta do dr. Kellner, de Hamburgo, que está anexada ao exemplar deste livro no Instituto Warburg. Surya tinha uma clínica de cura em Munique, onde muitas vezes entrava em conflito com os representantes da medicina ortodoxa. No fim da vida, ele permanecia muito pobre. Era evidentemente pessoa bondosa e prestativa, profundamente mergulhada no estudo de métodos de cura espagíricos paracelsistas. Astrologia e botânica estavam entre seus interesses correlatos e ele conhecia as correspondências ocultas de plantas. Tinha também seu próprio laboratório.

Em seu prefácio à segunda edição de *Moderne Rosenkreuzer*, Surya fez algumas observações que nos lembram o anúncio de uma Nova Idade nos manifestos rosacrucianistas. "Estas coisas", escreve ele, referindo-se ao recente renascimento de interesse por questões ocultistas, "falam claramente em favor do fato de haver nascido para a humanidade uma nova época espiritual. E não pode demorar muito para que essa luz espiritual estimule todas as artes e ciências, de fato toda nossa cultura, para novas realizações." Mais adiante, diz ele: "Infelizmente, porém, temos visto nos últimos sete anos a confirmação de outro princípio empírico na história do mundo, a saber, o advento de uma nova época espiritual é quase sempre acompanhado por subversões políticas, guerras e revoluções, até mesmo acontecimentos naturais anormais."

Surya acentua que ele próprio não pertence a qualquer escola ou fraternidade secreta. Aconselha aqueles que procuram a verdade a evitar escolas secretas, especialmente aquelas que têm "Chefes Desconhecidos". Acredita que ainda existem verdadeiros rosacrucianistas. "Mas onde", pergunta ele, "podem ser encontrados? Certamente não nas sociedades pseudo-rosacrucianistas que exigem alta contribuição anual de seus membros e em troca não dão a seus noviços mais do que sabedoria que poderia ser adquirida barato em qualquer livraria." Por isso, se uma pessoa não deseja ser decepcionada deve permanecer longe de tais sociedades.

A história do romance de Surya gira em torno de Stefan Brandt, um vienense que, quando jovem, fica tuberculoso e vai a Ragusa (hoje Dubrovnik) para recuperar-se. Lá conhece um misterioso Dr. Nicolson, em cuja vila passa a viver e que o cura. O Dr. Nicolson tem um laboratório na vila. Conforme explica a Brandt:

> "Eu próprio preparo a maioria de meus remédios espagíricos e ao mesmo tempo dedico-me a problemas que estão um tanto afastados de nossa ciência moderna, mas que me interessam muito porque, se forem encontradas soluções para eles – ou, mais precisamente, se elas forem redescobertas – serão de grande valor para a humanidade. Botânica oculta, cura espagírica e ultimamente química hermética têm sido durante muitos anos meus estudos favoritos".

Uma série de conversações que Brandt tem com Nicolson e outros é o veículo que Surya usa para expor suas idéias sobre cura, carma, reencarnação, astrologia, alquimia e sua filosofia da vida em geral.

No romance de Surya, o Dr. Nicolson segue o padrão do adepto rosacrucianista bom. O tipo mau reaparece na história de Temple Thurston, *The Rosicrucian*, na coleção com o mesmo título publicada em 1930. A história começa com um incidente baseado em conhecida anedota sobre o Conde de Saint Germain. Quando, em uma festa, uma condessa lhe pergunta se ele é filho de um homem que ela conheceu em Viena quinze anos antes, Saint Germain responde que ele próprio é o homem. Na história de Temple Thurston, o narrador presencia o encontro de dois homens, um velho e um moço, em frente de uma relojoaria em Haymarket. O mais jovem – ou melhor, de aparência jovem – usa uma comprida capa escura e um chapéu de aparência espanhola ou mexicana. O que parece mais velho pergunta:

> "Desculpe-me se estou cometendo um engano, mas seu nome é Gollancz?"
>
> O homem não se virou. Não saiu assustado de seu devaneio diante da vitrina em face dessa repentina abordagem. Se aquele era seu nome, certamente não ficou surpreendido ao ouvi-lo pronunciado tão casualmente na rua.
>
> "Meu nome é Gollancz", respondeu ele.
>
> "Então, penso ter conhecido seu pai em Oxford. Ele estava no Corpus comigo."
>
> O moço sorriu...

"Então você é Crawshay-Martin", disse ele com uma voz que não demonstrava a menor perturbação por aquele inesperado reconhecimento.

"Sim, mas como você sabe disso?"

"Lembro-me de você. Não foi meu pai. Você e eu estivemos juntos no Corpus."

Gollancz abre então sua capa e estende a mão de modo a revelar um anel de ouro simples, com um entalhe mostrando um sinal gnóstico. Posteriormente, Crawshay-Martin explica ao narrador que Gollancz é rosacrucianista. O narrador reflete: "Um rosacrucianista – um irmão da ordem secreta da Rosa-Cruz! Andando em Haymarket à luz do dia no século XX!... Eu havia lido a respeito da última parte da Idade Média. Vagamente, suponho, sabia que a ordem ainda existia... Mas encontrar um rosacrucianista em uma rua de Londres!"

Acontece que Crawshay-Martin tinha um antepassado rosacrucianista e ele próprio herdara um manual rosacrucianista "expondo suas práticas e todos aqueles ritos misteriosos ligados à Fraternidade da Rosa-Cruz. Este documento Gollancz deseja obter, por meios sujos se necessário. A história termina com a morte misteriosa de Crawshay-Martin e o desaparecimento do manual que se encontrava em seu quarto.

O autor dos manifestos rosacrucianistas originais provavelmente se divertiria e certamente não ficaria pouco surpreendido diante da estranha progênie literária de sua fraternidade. A romântica série de adeptos, heróis e vilões, é, apesar disso, parte importante do desenvolvimento da mitologia. E é certamente verdade que sem a lenda rosacrucianista nunca teria sido escrita muita poesia e ficção divertidas e interessantes.

12

Movimentos rosacrucianistas modernos

Os últimos episódios da história da Rosa-Cruz ocorrem principalmente nos Estados Unidos, que se tornaram o principal campo de cultura das ramificações rosacrucianistas. É difícil estabelecer quando o Rosacrucianismo chegou aos Estados Unidos pela primeira vez, embora muita coisa se tenha dito de uma comunidade mística alemã que emigrou para a Pensilvânia em 1694 e que se afirma ter tido ligações rosacrucianistas. O grupo era chefiado por Johannes Kelpius, homem impregnado de idéias teosóficas e milenistas, que havia sido membro destacado de uma devota comunidade estabelecida pelo cientista e teólogo Johann Jacob Zimmerman. Na véspera da partida para a América, Zimmerman morreu e o grupo, chefiado por Kelpius, estabeleceu-se nas margens do rio Wissahickon, no lugar que é agora chamado Germantown. O indício de sua ligação com o Rosacrucianismo é apresentado da seguinte maneira por A. E. Waite:

> Parece plausível que alguns dentre eles ou – digamos –, pelo menos Kelpius, estivessem de alguma maneira integrados na Ordem e pudessem ter comunicado o que era seu a todos ou a muitos dos peregrinos. A razão está em que dizem que eles carregavam consigo, e seguiam, a regra de um inapreciável manuscrito rosacrucianista... representa ele um estágio inicial dos SÍMBOLOS SECRETOS, publicados em Altona em 1785-8... Histórica

e bibliograficamente, é, portanto, de primeira importância, pois parece ser um verdadeiro texto rosacrucianista e parece indicar (1) que a Rosa Cruz Alemã em sua condição oculta do fim do século XVII era aquela Ordem Teosófica Cristã que Fludd dizia ser em seus primeiros tempos, de fato *ab origines symboli*, e (2) que o círculo de Altona não produziu uma invenção própria quase cem anos mais tarde, mas apenas desenvolveu e ampliou.[1]

Os indícios que cercam este "manuscrito rosacrucianista" são um tanto confusos. Se ele existiu, não indicaria necessariamente que o grupo era "rosacrucianista". Mas é justo dizer que o teor de sua filosofia e modo de vida tinha o sabor da tradição rosacrucianista.

O primeiro homem a promover o Rosacrucianismo em grande escala na América foi Paschal Beverly Randolph. Nascido em 1825, Randolph ficou órfão em tenra idade e, depois de uma infância difícil, trabalhou como marinheiro dos quinze aos vinte anos, viajando muito. Posteriormente, tornou-se tintureiro e barbeiro, ao mesmo tempo que fazia um curso de auto-educação e ampla leitura. Durante a Guerra Civil Americana, comandou uma unidade de soldados negros em favor da causa federal e, depois da guerra, a pedido de seu amigo, presidente Lincoln, trabalhou durante quase três anos na Louisiana como educador de escravos emancipados. Passou o restante de sua vida principalmente em Boston, divulgando sua espécie de Rosacrucianismo e escrevendo uma extraordinária variedade de livros, inclusive obras de antropologia, filosofia e ficção. Foi muitas vezes descrito como tendo sangue negro, mas negava isso. "Minha mãe", escreveu ele, "era uma bela *sang melée* de várias raças de sangue. Tinha em si um pouco de malgaxe, francês, espanhol, indiano e oriental, tudo o que eu tenho, e ainda vários outros, como inglês, celta, câmbrico, teutônico e mourisco."[2] Começou suas atividades ocultistas por volta de 1858 e criou uma organização rosacrucianista sob sua liderança. Embora magro e de aparência frágil, conta-se que foi um conferencista poderoso e fascinante. Em 1872, Randolph foi preso em Boston e submetido a julgamento por ensinar amor livre em seus escritos. O promotor público descreveu-o como um "sábio agapístico" e disse que ele era "sem dúvida *o* homem e escritor mais *perigoso* no solo da América, senão do mundo inteiro"[3]. Randolph, porém, defendeu-se com sua habitual eloqüência e foi absolvido.

Embora Randolph fosse considerado por algumas pessoas como charlatão, seus escritos não sugerem tal coisa. Era suficientemente honesto para admitir que seu Rosacrucianismo provinha principalmente de sua própria mente. Em sua obra *Eulis!*[4], escreve:

> Estudei Rosacrucianismo, achei-o sugestivo e amei seu misticismo. Por isso, intitulei-me *O Rosacrucianista* e dei meu pensamento ao mundo como pensamento rosacrucianista; e, vejam, o mundo saudou com alto aplauso o que supunha ter sua origem e nascimento em outro lugar que não a alma de P. B. Randolph.
>
> Quase *tudo* que eu dei como Rosacrucianismo originou-se em minha alma; e dificilmente um único pensamento, somente sugestões, tomei emprestado daqueles que, em idades passadas, chamaram-se por aquele nome.

Apesar disso, Randolph afirma que era, até renunciar, o "Grão-Mestre do único templo da Ordem no globo".

O ensinamento que Randolph esboça em seu *Eulis!* trata em grande parte do uso correto do sexo e seus poderes. Afirma ter ele próprio recebido uma iniciação em magia sexual no Oriente Médio, conforme descreve em *Eulis!*:

> Uma noite – e foi na longínqua Jerusalém ou Belém, esqueci realmente qual delas – fiz amor com e fui amado por uma donzela morena de sangue árabe. Dela e daquela experiência, aprendi – não diretamente, mas por sugestão – o princípio fundamental da Magia Branca do Amor; em seguida, filiei-me a alguns dervixes e faquires, com os quais, ainda por sugestão, descobri o caminho para outros conhecimentos; e desses devotos praticantes de uma magia simples, mas sublime e sagrada, obtive indícios adicionais – pequenos fios de sugestão, que, persistentemente seguidos, levaram minha alma para labirintos de conhecimento de cuja existência eles nem sequer suspeitavam. Tornei-me praticamente o que era naturalmente, um místico, e com o tempo chefe dos eminentes irmãos; tomando os indícios deixados pelos mestres e seguindo-os até mais longe do que eles já haviam estado antes; descobrindo efetivamente o ELIXIR DA VIDA; o solvente universal ou Alkahest celestial; a água de beleza e perpétua juventude; e a pedra filosofal – tudo o que este livro contém; mas só encontrável por aquele que procurar bem.

É interessante que Randolph, descobrindo magia sexual independentemente, tenha chegado à conclusão de que essa era a verdadeira base do Rosacrucianismo. Como já mostrei, há indícios de que os primeiros rosacrucianistas estavam interessados em sexo como força mágica e descreveram-no simbolicamente em seus tratados. Sexualidade é um tema curiosamente recorrente entre os apologistas do Rosacrucianismo e Randolph claramente a considera como central em toda a filosofia.

> Sou induzido a dizer isto tudo a fim de abrir os olhos da mente pública a respeito do Rosacrucianismo, que não é senão uma de nossas portas externas – e que não foi criado por Christian Rosenkreuz, mas meramente revivido e replantado na Europa por ele depois de sua volta de terras orientais, onde, como eu e centenas de outros, fora procurar iniciação.
>
> O sistema rosacrucianista não é e nunca foi senão uma porta para o inefável e grandioso templo de Eulis.

Por Eulis, Randolph queria dizer seu próprio sistema de ensinamento sexual.

A base deste sistema é a crença ocultista comum em que na união sexual as secreções masculina e feminina unem-se para formar uma poderosa corrente. Se esta corrente está em desequilíbrio, como em sexo solitário ou incompleto, resultam distúrbios. Seu ensinamento trata da conduta da vida cotidiana e das relações conjugais para que a corrente flua corretamente. Randolph refere-se também a outra secreção, comum a ambos os sexos, "que só está presente sob a mais ardente e intensa paixão amorosa no homem ou na mulher". Este fluido é "a união de magnetismo, eletricidade e aura nervosa... Quando está presente no sagrado rito do matrimônio, o Poder reina e o Amor fere a raiz profunda na alma da criança que pode ser então gerada". É preciso tomar cuidado, diz ele, para que não haja abuso dessa poderosa força.

Uma nota no final do livro declara: "A Grande Loja Provisória de Eulis estabelecida no Tennessee foi dissolvida por mim – o poder criador, nomeador e dissolvedor – em 13 de junho de 1874. Pretendo restabelecer Eulis em forma orgânica antes de partir da terra".

Os ensinamentos de Randolph foram mais tarde continuados por um ramo do movimento rosacrucianista americano de que tratarei logo mais. Enquanto isso, porém, o Rosacrucianismo maçônico conquistara uma posição segura na América. Seu desenvolvimento foi mais ou menos o seguinte. A formação da Sociedade Rosacrucianista na Inglaterra despertara interesse entre os maçons americanos e, em 1878, um grupo de maçons da Pensilvânia visitou o colégio de York da *Soc. Ros.*, onde recebeu o grau de Zelator. Este grupo solicitou então à *Soc. Ros.* autorização para iniciar um ramo americano. Não tendo recebido resposta, dirigiu-se depois à *Societas Rosicruciana in Scotia*, ramificação da sociedade inglesa. Este pedido foi bem-sucedido e a *Soc. Ros. in Scotia* autorizou um colégio em Filadélfia, para a Pensilvânia, em 1879, e um colégio na cidade de Nova York, para o estado de Nova York, em 1880.

Em abril de 1880, esses dois colégios estabeleceram um Conselho Superior para todos os Estados Unidos, intitulado *Societas Rosicruciana Republicae Americanae*, com Charles E. Meyer, da Pensilvânia, como seu primeiro Magus Supremo. No mesmo ano, três outros colégios foram autorizados: em Boston, para Massachusetts, em Baltimore, para Maryland, e em Burlington, para Vermont. Muitos outros estados receberam autorizações a intervalos durante o meio século seguinte. Entretanto, em 1912, o Conselho Superior adotou oficialmente os rituais usados pelas Sociedades Rosacrucianistas Inglesa e Escocesa.

A *Societas Rasicruciana in Republicae Americae* passou mais tarde a ser chamada *Societas Rosicruciana in Civitatibus Foederatis* (S.R.I.C.F.). Ainda está ativa em escala relativamente pequena. Como sua correspondente inglesa, está aberta apenas a Mestres Maçons e não é realmente uma ordem, mas uma espécie de sociedade literária maçônica. Durante algum tempo, publicou um periódico, *The Rosicrucian Fama*, mas sua circulação foi interrompida em 1973. O último número dava como sendo 531 o total de membros da sociedade em todos os Estados Unidos.

A sociedade rosacrucianista maçônica original dos Estados Unidos deu origem também a uma ramificação que posteriormente rompeu sua ligação maçônica. A história deste grupo é a seguinte. Um dos membros do Colégio de Boston, autorizados em 1880, era Sylvester C. Gould, editor do *Notes and Queries* americano e de um periódico chamado *The Rosicrucian Brotherhood*, que circulou de 1907 a 1909. Em 1908, Gould colaborou com diversos outros rosacrucianistas americanos para iniciar um novo corpo, baseado em princípios amplos e abrindo suas portas a todos quantos procurassem verdadeiramente. O resultado foi a formação da *Societas Rosicruciana in America*. Gould morreu em 1909 e a sociedade foi mais tarde assumida pelo Dr. George Winston Plummer, que escreveu diversos livros, como *The Art of Rosicrucian Healing* e *Principles and Practice for Rosicrucians*.

No manual da sociedade, de 1927, Plummer descreve seu sistema de graus, que corresponde aos conhecidos graus encontrados da Gold-und Rosenkreuz e perpetuados pela Aurora Dourada. Naquele tempo, a ordem era governada por um Conselho Superior dos treze membros do Nono Grau, inclusive um Imperator, eleito vitaliciamente. Só Mestres Maçons eram admitidos nesse conselho, embora os graus mais baixos estivessem abertos a não-maçons de ambos os sexos. Na literatura publicitária mais recente lançada pela sociedade, porém, não há menção à maçonaria.

A folha de informação da sociedade, dirigida a "Todos os que Procuram", declara que ela é "a organização americana formada por iniciados apropriadamente qualificados para propagar os ensinamentos da Sabedoria Antiga no mundo ocidental. Este corpo é também conhecido como *Societas Rosicruciana in America* e faz parte da antiqüíssima Fraternidade Rosacrucianista mundial..." O folheto prossegue dizendo que "o único objetivo desta Sociedade é o desenvolvimento espiritual, moral e intelectual de seus membros e, indiretamente, de toda a humanidade. Isto é realizado através de ensinamentos que correlacionam Religião, Ciência e Filosofia, particularmente em ligação com Cristianismo Místico e Hermetismo... Acima de tudo, os Ensinamentos da Sociedade guiam o estudante para uma vida construtiva de pensamento reto, ação reta e fala reta; alinham-no definitivamente com o Princípio Construtivo da Natureza, estimulando-o a aproveitar ao máximo as oportunidades que lhe são oferecidas em cada dia de vida mortal". Os ensinamentos da sociedade, como são expostos em outro folheto, incluem respeito por todas as religiões e crença na reencarnação. O tom da literatura da sociedade é em geral revigorantemente sensato e sem sensacionalismo. No momento em que isto é escrito, a Sociedade está sediada em Nova York e publica um periódico mensal, *Mercury*, e livros de interesse rosacrucianista.

Houve muito contato entre os grupos rosacrucianistas americanos emergentes e seus correspondentes europeus. Nesse processo, houve boa quantidade de chicana. Um exemplo é o curioso caso das chamadas "Cartas do Mestre", que Ellic Howe conta em seu *Urania's Children*. Uma das figuras envolvidas foi o astrólogo e ocultista alemão Hugo Vollrath, que dirigia a Casa Editora Teosófica em Leipzig entre as duas guerras. Embora fosse pessoa um tanto desacreditada, Vollrath tinha senso de humor. Costumava usar um fez em seu escritório porque, explicava ele, "mantém minha aura no lugar". Fora durante algum tempo discípulo e secretário de Franz Hartmann (1838–1912), teosofista e prolixo escritor ocultista, cujas obras incluíam muitos temas rosacrucianistas. Vollrath apresentava-se, sob o nome de Walter Heilmann, como secretário de uma sociedade rosacrucianista fictícia na Alemanha e "recolhia contribuições de pessoas crédulas, principalmente mulheres, que recebiam impressionantes diplomas e 'intruções esotéricas' sob a forma de 'Cartas do Mestre'... As 'Cartas do Mestre' não eram escritas por Vollrath, mas consistiam em material traduzido das tolices pseudo-rosacrucianistas publicadas na Califórnia por... Max Heindel."[5]

Heindel (1865-1919) tinha ascendência dinamarquesa e seu verdadeiro nome era Max Grashof. Depois de um período na Alemanha, durante o qual freqüentou palestras teosóficas de Rudolf Steiner em Berlim, no começo da década de 1900, emigrou para os Estados Unidos, onde ingressou na Fraternidade Universal de Kathlenn Tingley, que era um seita teosófica cismática. Seu movimento seguinte foi fundar a Rosicrucian Fellowship, cujos membros compravam suas "cartas rosacrucianistas de instruções", cujo conteúdo estava baseado principalmente em material de Steiner. Os pronunciamentos arcanos de Steiner eram posteriormente "devolvidos", por assim dizer, aos alemães através da versão alemã de Vollrath dos textos ingleses de Heindel baseados em palestras originalmente proferidas em alemão por Steiner.

Heindel afirmava que, quando esteve na Europa em 1907, obteve orientação de um ser maravilhoso que, segundo soube mais tarde, era representante graduado da secreta Ordem Rosacrucianista. Depois de várias visitas, durante as quais foi testado, esse adepto levou-o a um templo da Rosa-Cruz perto da fronteira entre a Alemanha e a Boêmia. Ali passou cerca de um mês recebendo instrução pessoal dos irmãos mais velhos. Este ensinamento foi mais tarde exposto por Heindel em seu livro *The Rosicrucian Cosmo-Conception*, publicado originariamente pela Rosicrucian Fellowship em 1909. Heindel era também astrólogo e o livro reflete fortemente seus interesses astrológicos.

"Como todas as outras Ordens Misteriosas", escreve ele, "a Ordem dos Rosacrucianistas é formada em linhas cósmicas: se tomarmos bolas de tamanho igual e experimentarmos quantas são necessárias para cobrir uma delas e ocultá-la à vista, descobriremos que são necessárias doze bolas para esconder uma décima-terceira. A divisão final de matéria física, o verdadeiro átomo, encontrado no espaço interplanetário, é assim agrupado em doze ao redor de um. Os doze signos do zodíaco envolvendo nosso sistema solar, os doze semitons da escala musical compreendendo a oitava, os doze apóstolos reunidos em volta de Cristo etc., são outros exemplos do agrupamento de doze e um. A Ordem

continental com quem teve ligações foi a *Ordo Templi Orientis*, da qual Franz Hartmann era membro. A O.T.O foi fundada em 1906 pelo pitoresco ocultista alemão, maçom marginal e aventureiro chamado Theodor Reuss (1855-1924), que deu permissão de funcionamento a Lewis em 1921. Após diversas tentativas malogradas, a organização de Lewis, AMORC, foi convenientemente estabelecida na Flórida por volta de 1925 e dois anos depois mudou-se para a Califórnia, onde começou a formar seu grande contingente de adeptos.

Os segredos de H. Spencer Lewis atribuíram a ele vários poderes milagrosos, inclusive o de transmutação. Uma demonstração deste último foi feita em Nova York em 22 de junho de 1916. O seguinte relato do acontecimento é feito por Witteman em seu livro *New and Authentic History of the Rosicrucians*.

> Quinze dos vinte e sete membros receberam do Imperator um cartão dizendo que ingredientes e objetos deveriam levar para a operação. Prometeram manter em segredo os nomes escritos nos cartões e juntar as quinze partes da fórmula somente três anos após a morte do Imperator. Depois de oração e de um discurso do último tratando das leis da matéria, um pedaço de zinco... foi colocado em um pequeno prato de porcelana, sobre o fogo de um crisol; os vários ingredientes, entre os quais as pétalas de uma rosa, foram então apresentados pelos quinze irmãos e irmãs... ao Imperator, que os depositou, um após outro, no prato. Depois dos dezesseis minutos exigidos, durante os quais o operador concentrou um poder mental pouco conhecido, o pedaço de zinco transformou-se em ouro, como foi quimicamente estabelecido.[7]

Pouco depois a organização de Lewis mudou-se para a Califórnia e começou a florescer em grande escala. Lewis sofreu ataques de várias partes, inclusive de um ex-membro da AMORC chamado George L. Smith. Posteriormente, Lewis moveu ação por calúnia contra Smith. O resultado final foi Smith ser proibido pelo tribunal de fazer qualquer propaganda contra a AMORC. Contudo, ataques continuaram a ser feitos por Clymer e por um membro descontente da AMORC chamado Alfred H. Saunders, que fora afastado da direção da revista *AMORC* por volta de 1916.

Finalmente, a AMORC viu-se obrigada a contra-atacar sob a forma de um panfleto lançado em 1935 sob o título *Audi Alteram Partem* (Ouça o Outro Lado), que teve a forma de relatório de uma "Comissão Nacional de Defesa dos Membros", a qual aparentemente examinou as acusações de Clymer e verificou serem falsas. O relatório descreve Clymer como "um impressor alemão ou holandês que descobriu anos atrás que era mais lucrativo passar todo seu tempo diante da caixa de tipos do que na lavoura... especialmente quando isso lhe permitia promover e glorificar algumas das mais fantásticas noções já abrigadas por uma mente humana". A descrição menciona o "gosto de Clymer por títulos, por posições autonomeadas e auto-inventadas de 'eminente autoridade'". [8]

Clymer revidou dizendo que a própria pretensão de Lewis à designação de "Dr." era no mínimo altamente suspeita. Declarou que Lewis comprara seu título de uma instituição chamada Academia de Ciências da Índia, "notória 'fábrica de diplomas' que lida com falsos títulos honorários de ensino superior". [9] Esse contra-ataque de Clymer apareceu no vasto segundo volume de seu livro *The Rosicrucian Fraternity in America*. As 959 páginas desse volume são dedicadas quase que exclusivamente a ataques contra Lewis e a AMORC.

Foi sempre característica das organizações rosacrucianistas esforçar-se por experimentar e provar sua autoridade e impedir que rivais alegassem direito à bandeira rosacrucianista. De acordo com o relato de Clymer, na obra que acabo de citar, Lewis começou alegando autoridade recebida dos rosacrucianistas franceses. Depois decidiu que seria conveniente obter uma linhagem alemã. Para isso, aliou-se, por volta de 1930, a um ocultista alemão chamado Heinrich Tränker (1880-1956), que se declarava sucessor de Theodor Reuss (o qual havia morrido em 1924) como chefe da O.T.O. Tränker dava a si próprio o nome de "Recnartus" e formara um grupo chamado *Societas Pansophia*. Lewis e Tränker formaram depois a Sede Internacional do Supremo Conselho da AMORC em Berlim e o primeiro começou a divulgar proclamações de suas ligações com os rosacrucianistas alemães. Parte do plano envolvia a publicação de um *Nova Fama*, pretensamente emanado da verdadeira autoridade rosacrucianista e declarando que "Até agora a ANCIENT MYSTIC ORDER ROSAE CRUCIS (AMORC), seguindo antigas tradições, trabalhou mais ou menos secretamente durante séculos a fim de melhorar os destinos da humanidade... Há alguns anos, porém, os Augustos Adeptos sentiram-se inclinados a trabalhar mais aberta e visivelmente."[10]

Evidentemente, Lewis e seus associados encontraram certa dificuldade para manter a credibilidade de sua ligação alemã e, no começo de 1933, segundo diz Clymer, "abandonaram toda esperança de convencer seus crédulos membros e mesmo o público ingênuo de que o Conselho Internacional realmente existia. Em conseqüência, estavam estabelecendo planos para a formação do Conselho Internacional da FUDOSI e do Congresso em Bruxelas, na Bélgica, em 1934".[11] As iniciais FUDOSI significavam *Federatio Universalis Dirigens Ordines Societasque Initiationis*, corpo que alegava representar todas "as verdadeiras" organizações rosacrucianistas e que reconhecia a AMORC como o único movimento rosacrucianista legítimo nas Américas do Norte e do Sul. O aliado de Lewis nesse plano era um advogado belga chamado Jean Mallinger, promotor de ritos maçônicos marginais, inclusive uma versão maçônica da Ordem de Mênfis e Mizraim, o que provocou a ira de Chevillon, que chefiava a Mênfis e Mizraim francesa.

Tanto Lewis quanto Clymer tentaram várias vezes estabelecer autoridade européia – Lewis com sua FUDOSI e Clymer com sua organização de nome semelhante, *Federation Universelle des Ordres, Sociétés e Fraternités de Initiés*, que em 1939, de acordo com Clymer, realizou uma reunião no Hotel George V em Paris, na qual Clymer foi feito membro honorário da Rosa-Cruz Cabalística e Gnóstica. Mais tarde, Clymer conta em seu livro *Book of Rosicrucians*, ele efetuou uma série de excursões ao estrangeiro, durante as quais obteve a adesão de todos os principais representantes da tradição rosacrucianista no mundo inteiro.

Um dos pomos de discórdia entre Lewis e Clymer tinha relação com magia sexual, cada parte acusando a outra de ensinar práticas sexuais viciosas. Clymer admite que "o mistério do sexo é o princípio oculto e pouco compreendido por baixo de toda a natureza" e que "a Fundação Randolph da autêntica Fraternidade Rosacrucianista ensina a alta lei de geração e regeneração – as doutrinas sexuais da Fraternidade Branca". Esta, acentua ele, é uma forma sadia de ensinamento sexual. Clymer mostra-se, porém, apoplético quando descreve o que chama "Ensinamentos de Magia Negra-Sexo de Crowley e da modernizada O.T.O."[12]

Lewis possuía de fato uma permissão da O.T.O., mas que recebera de Theodor Reuss, então chefe da O.T.O. na Alemanha. Crowley tinha recebido em 1912 uma permissão de Reuss para operar a O.T.O. na Inglaterra. A AMORC declarava que a verdadeira O.T.O. nada tinha a ver com magia negra. Deu-se também ao trabalho, em *Audi Alteram Partem*, de negar qualquer ligação com Crowley. De fato, um dos poucos pontos de concordância entre Clymer e Lewis parece ter sido a opinião de que Crowley era um mágico negro. Clymer, como a maioria dos detratores de Crowley, interpreta completamente errado os ensinamentos deste último e fala em sua "notória fórmula de Magia Negra-Sexo", "Amor é a Lei, Amor sob Vontade". A AMORC era igualmente hostil a Crowley, o que não a impedia de usar uma fórmula muito semelhante à dele: "Faz o Que Quiseres, Deve Ser Toda a Lei". Em uma das "palestras do templo" da AMORC para o Décimo-Primeiro Grau aparece este trecho:

> Isto me leva a um ponto onde posso com segurança e confiança comentar uma das antigas leis rosacrucianistas que nos abstivemos de usar em qualquer dos graus mais baixos por ser muito passível de má interpretação. A lei é esta: "Faz o Que Quiseres, é Toda a Lei; amor é a lei, amor sob vontade". A primeira parte da lei é a mais significativa. Agora, isto não significa que você pode fazer o que quiser e que não existe outra lei, exceto a lei de passar a vida fazendo toda e qualquer coisa que desejar fazer... A chave de toda a lei reside na palavra "querer". Fazer as coisas que você quer significa fazer as coisas sobre as quais você raciocinou, que você examinou, analisou e com as quais finalmente concordou, com o entendimento de que você assumirá toda responsabilidade por seu ato e suportará todo Carma que daí resultar.[13]

Encarado em sua totalidade, este ensinamento é inócuo. Mas se a primeira parte for tomada fora do contexto, pode facilmente ser mal interpretada como um convite à licença sexual. Quanto à O.T.O., fazia uso do símbolo da Rosa-Cruz e tinha em sua estrutura um grau de "Rosacrucianista Esotérico". Praticava também magia sexual, mas de maneira responsável e com propósito sério.

Infelizmente, nas disputas entre Clymer e Lewis nenhuma questão profunda foi sequer tocada e suas declarações raramente se elevaram acima do nível de troca de insultos. No final de *Audi Alteram Partem,* Lewis publicou uma carta aberta a Clymer, desafiando-o a participar de um debate público. Parte da carta diz o seguinte:

> Prezado Senhor Clymer,
>
> Como o senhor se declarou abertamente desejoso de apresentar a todas as partes interessadas as provas que afirma ter, as quais refutariam todas as alegações da AMORC, vamos nova-

mente e pela última vez testar a sinceridade de suas jactanciosas declarações, desafiando-o para um debate público aberto e apresentação de provas.

Lewis prosseguia oferecendo-se para "pagar o aluguel de qualquer salão que o senhor escolher em qualquer cidade de cem mil habitantes ou mais, nos Estados do médio-oeste... e pagar seu transporte até a cidade".

É uma pena que esse debate nunca tenha sido realizado, pois produziria sem dúvida alguns espetaculares fogos de artifício. Clymer recusou o convite de Lewis e exigiu, por sua vez, que Lewis submetesse a uma investigação todos os documentos que possuía. Isto Lewis compreensivelmente não estava disposto a fazer, pois alguns daqueles documentos teriam sido no mínimo embaraçosos para ele. Os dois continuaram a discutir seus respectivos direitos ao termo "rosacrucianista" e finalmente Clymer conseguiu obter permissão do Estado de Pensilvânia para registrar um título rosacrucianista. A briga inteira apresenta ecos da batalha entre Péladan e de Guaita. *Plus ça change...*

Hoje a AMORC é uma grande organização com membros em todo o mundo. Sua sede, Rosicrucian Park, em San Jose, na Califórnia, cobre um quarteirão inteiro da cidade e consiste em uma série de impressionantes edifícios, com abundância de pórticos egípcios, cúpulas e estátuas de esfinges. Entre eles se incluem um museu egiptológico, laboratórios de ciência, salões de conferência e um templo. Os que procuram a ordem recebem inicialmente um livreto cuidadosamente impresso, intitulado *Mastery of Life*, que convida o leitor a desenvolver seus poderes ocultos seguindo o curso de estudo rosacrucianista. Os assuntos incluem: "Cuidado do Corpo, Intuição e Julgamento, Uso de Poderes Mentais à Vontade, os Mistérios do Tempo e Espaço, Os cinco Sentidos do Homem, a Consciência Humana, Usando Forças Interiores, Investigação sobre a Natureza da Alma, Leis e Princípios Místicos".

Deve-se admitir que a AMORC teve enorme impacto em grande parte devido a sua arte de vender, extremamente poderosa, e deve ter atraído para o ocultismo e misticismo pessoas que sem ela nunca poderiam ter-se envolvido nessas coisas. Sua influência pode ser vista em numerosas outras organizações, que são ramificações ou partes da mesma corrente. Entre elas se incluem Scientology, Mayan Order, Astara and Silva Mund Control. Como escreve Robert Elwood em seu *Religious and Spiritual Groups in Modern America*: "A semelhança de sua estrutura, ritual e um pouco da terminologia com a Maçonaria sem dúvida ajudou sua aceitação na América, onde a Maçonaria é muito 'establishment'. A insistência em que a AMORC não é uma religião ajudou inquestionavelmente muitos que se sentiriam relutantes em rejeitar sua igreja tradicional para aceitar o ensinamento e a participação na Ordem – e a tradição de realidade alternativa. Em parte por essa razão, a AMORC desempenhou papel especial na modelagem da cultura da América moderna."[14]

De maneira mais silenciosa e menor, os grupos rosacrucianistas de Clymer e Heindel ainda estão ativos. Depois da morte de Clymer, a organização foi assumida por seu filho, Emerson M. Clymer, que ainda a chefia no momento em que isto é escrito. De acordo com um correspondente meu, que foi ativo membro do grupo, os ensinamentos interiores são rigorosamente negados a todos, exceto os membros devidamente qualificados. A sede é em Beverly Hall, situada em uma atraente e pacífica área rural perto de Quakertown, na Pensilvânia. As instalações incluem um instituto de quiroprática e uma clínica especializada em tratamento natural.

A Rosicrucian Fellowship de Heindel tem sua sede em Oceanside, na Califórnia, entre Los Angeles e San Diego. Nela se incluem casas para hóspedes e um impressionante templo branco de doze lados, com uma grandiosa vista dos terrenos vizinhos. Os doze lados, correspondendo ao número de signos do zodíaco, refletem a ênfase astrológica da Rosicrucian Fellowship. A organização tem uma divisão editorial que publicou numerosos livros de Max Heindel sobre astrologia, Rosacrucianismo e assuntos semelhantes. Ao contrário da AMORC, o grupo tem caráter religioso. Citando novamente Ellwood: "As poucas igrejas da Rosicrucian Fellowship têm algo de uma antiquada atmosfera protestante. Sobre o altar pendem cortinas, abertas apenas quando começa o culto, revelando uma cruz coberta por uma rosa. O serviço tem os habituais hinos e escritura, mas a oração é mais no estilo do Novo Pensamento, de emitir 'boas vibrações', do que de intercessão. Geralmente não há ministro e os próprios membros dirigem o serviço. Às vezes há conferencistas vindos de Oceanside. Parece que atualmente o grupo está atraindo poucas pessoas jovens".[15]

Voltando-nos para outros países, descobrimos que o Rosacrucianismo está agora muito difundido. A AMORC tem membros em todo o mundo, com ramos na maioria dos países fora do bloco comunista. Provavelmente mesmo nos países por trás da Cortina há em funcionamento lojas rosacrucianistas secretas, como havia no Terceiro Reich, apesar da perseguição. Além da AMORC, existem muitos outros grupos rosacrucianistas em funcionamento no mundo inteiro.

Dos grupos europeus, um dos mais ativos e interessantes é o *Lectorium Rosicrucianum* de Haarlem, na Holanda, que se iniciou em 1924 e tem ramificações na Inglaterra, Áustria, Bélgica, França, Alemanha, Suécia, Suíça, Estados Unidos, Brasil, Austrália e Nova Zelândia. Citando sua "Declaração":

> A comunidade religiosa do *Lectorium Rosicrucianum* visa à restauração e revitalização do original *templo tríplice de Deus*, que existia na pré-história humana e que se manifestou a toda a humanidade e visava servi-la.
>
> O templo tríplice trouxe para a humanidade a *Religião* régia e sacerdotal original, a *Ciência* original e a *Arte de Construção* original...
>
> O *Lectorium Rosicrucianum...* traz para a humanidade, *primeiro*, uma comunidade de almas em busca, que desejam orientar-se para a Doutrina Universal original.
>
> Por trás da comunidade do pátio da frente existe, *em segundo lugar*, a Escola de Mistério do *Lectorium Rosicrucianum*, na qual são aceitos todos aqueles que tomam a decisão de seguir efetivamente o caminho da libertação da roda de nascimento e morte...
>
> Terceiro, por trás da Escola de Mistério há a Comunidade dos Graus Internos, a Cadeia Universal de todas as Fraternidades Gnósticas precedentes, que aceita todos os peregrinos na vida libertadora e dá-lhes boas-vindas ao reino de imortalidade e ressurreição.

O *Lectorium Rosicrucianum* tem sua própria editora, que publica uma variedade de livros bem impressos sobre assuntos rosacrucianistas, em holandês e inglês. Publica também uma revista trimestral chamada *The Topstone*.

Vale a pena mencionar também uma ordem rosacrucianista fundada por Annie Besant em 1912, como ramificação de seu movimento de Maçonaria Mista e conhecida como Ordem do Templo da Rosa Cruz. Esta evidentemente desmoronou em 1918. Todavia, um dos seguidores da sra. Besant fez posteriormente sociedade com um homem que se chamava "Aurelius" e os dois formaram o que denominaram Corona Fellowship of Rosicrucian, que mantém um "teatro rosacrucianista" em Christchurch, no Hampshire. Gerald Gardner tornou-se membro desse grupo durante a Segunda Guerra Mundial e através dele foi levado à feitiçaria, como praticante da qual se tornou famoso.[16]

Além das várias organizações que efetivamente usam o termo rosacrucianista ou alegam ascendência rosacrucianista, existem numerosas pessoas que foram influenciadas de maneira menos óbvia pela mitologia. Foram elas inspiradas pelos ideais rosacrucianistas e pelo conceito de uma fraternidade secreta e altruística.

Um exemplo de pessoas assim é Rudolf Steiner (1861-1925), fundador da Antroposofia, que ele considerava ter surgido de fundamentos rosacrucianistas. Os escritos e palestras de Steiner estão cheios de referências ao Rosacrucianismo e à Christian Rosenkreuz, por ele visto como um adepto que surgira em outras encarnações. Acreditava ele, por exemplo, que Rosenkreuz viera como Conde de Saint Germain para avisar a dama de honra de Maria Antonieta sobre a revolução iminente. Em uma de suas palestras, Steiner disse: "Por meio de nossa corrente é possível penetrar no verdadeiro rosacrucianismo, mas nosso meio não deve ser designado como "rosacrucianismo", porque nossa corrente cerca um reino muito mais amplo que o dos rosacrucianistas, isto é, toda a Antroposofia".[17]

Outro exemplo de pessoa inspirada pelo Rosacrucianismo é John Hargrave, homem idealista de dotes muito variados, que entre as guerras dirigiu uma organização chamada Kindred of the Kibbo Kift. Começou ela como um desenvolvimento do movimento escoteiro e seus membros eram encorajados a dedicar-se a *camping* e outras atividades ao ar livre, a fim de restabelecer contato com a terra e combater as influências antinaturais e doentias da idade mecânica. Transformou-se depois em um movimento político, os "Camisas Verdes", que propugnava reforma econômica nas linhas do Social Credit, mas desapareceu após a proibição de uniformes na era de Mosley. Não era um movimento fascista, mas baseava-se em uma combinação do tipo de socialismo Ruskin-Morris e de um nacionalismo romântico reminiscente do nacionalismo alemão dos primeiros rosacrucianistas. Hargrave descreve isso de maneira emocionante em seu livro *The Confession of the Kibbo Kift* (1927):

> Assim, na Inglaterra, a Kindred enterrou raízes em um solo cultural que mostra muito claramente os estratos dos anglo-saxões, vikings, celtas e neolíticos, construtores de túmulo, de dólmen e da velha trilha reta. Nessas tradições, ela encontra algo necessário, algo limpo, brilhante e verdadeiro: algo sentido por Rudyard Kipling em *Puck of Pook's Hill*.

No mesmo livro, Hargrave cita este comentário de Robert Burton em *The Anatomy of Melancholy*: "Nós precisamos em nossa época de algum visitante geral que reforme o que está errado – um exército de homens da Rosa-Cruz; pois eles consertarão todas as coisas (dizem eles), religião, política, maneiras, com artes, ciências, etc." Depois de descrever o aparecimento da lenda rosacrucianista, Hargrave prossegue dizendo que "nós em nosso próprio tempo estamos igualmente muito necessitados de 'algum visitante geral', 'um exército de homens da Rosa-Cruz', um corpo de 'jesuítas não enganadores', que reformem o que está errado".

A idéia de iniciação tem também lugar no pensamento de Hargrave. Em seu incomum e divertido romance, *Young Winkle*, ele descreve como um garoto sem educação é colocado sob a proteção de um velho sábio chamado Dr. Teshonn Lammas, que o educa de acordo com sua própria filosofia, de modo a fazer dele um indivíduo impecável.

O Dr. Lammas é membro de uma fraternidade internacional chamada "The Game", cujos objetivos são mais ou menos semelhantes aos daqueles da Kibbo Kift, cujo símbolo ela usa. É dedicada a melhorar o mundo através de uma mistura de reforma econômica, educação esclarecida e política de aptidão física. Winkle, após ser aprovado em uma série de testes de seu valor, é finalmente admitido nessa sociedade em uma impressionante cerimônia de iniciação, que faz lembrar muito algumas das cerimônias que já encontramos antes.

Lammas é semelhante à figura do adepto rosacrucianista que encontramos com tanta freqüência na literatura. Mas esses iniciadores rosacrucianistas existem realmente – professores individuais que transmitem seu conhecimento a um único discípulo, que no devido tempo o transmitirá a outro sucessor. Um amigo meu informa-me que conheceu recentemente dois desses rosacrucianistas independentes, um da Dinamarca e outro da Noruega. Ficou impressionado pela semelhança de seus ensinamentos, embora nenhum deles conhecesse o outro. Em ambos os casos, seu Rosacrucianismo tinha forte base cristã, com ênfase na Virgem Maria.

Assim, em nosso próprio tempo, não existe apenas um "exército de homens da Rosa Cruz", mas numerosos grupos e indivíduos. Embora não tenham ainda promovido a esperada reforma, continuaram a trabalhar para esse fim. Como vimos, freqüentemente diferem muito em suas atitudes e crenças, mas todos consideram-se carregando a bandeira originariamente erguida por Christian Rosenkreuz.

13

Conclusão

Olhando para o fenômeno cuja história esbocei neste livro, uma coisa que nos impressiona é ser ele curiosamente difícil de caracterizar. Não é religião, pois seus seguidores freqüentemente praticaram-no lado a lado com o Cristianismo e outras religiões, considerando-o um acréscimo e não um substituto. Não é culto, pois isso implica algo muito específico e efêmero. Não é filosofia, pois é excessivamente nebuloso e esquivo para receber esse nome. Outra coisa que lhe dá destaque é a maneira pela qual, como mencionei em minha introdução, ele resultou do abrupto aparecimento de uma mitologia deliberadamente criada.

A coisa com que ele mais de perto se assemelha é a Maçonaria, com a qual, como mostrei, tem certas ligações. Mas sua relação com a Maçonaria é como a de uma planta trepadeira com uma árvore. Uma parte da planta rosacrucianista prendeu-se à árvore maçônica, curvando-se na forma de seus galhos, e uma pequena quantidade de seiva foi trocada. Mas é só até onde vai a ligação. Além disso, a Maçonaria é um movimento muito mais sólido e coerente, com doutrina, código e conjunto de práticas reconhecíveis, embora bastante difusos.

Quando tentamos reduzir o Rosacrucianismo a seus elementos básicos, somos deixados com pouco mais que um nome, um símbolo, uma lenda, certas associações ocultas e um tipo gnóstico de perspectiva. Contudo, de alguma maneira esse estranho organismo conseguiu sobreviver e crescer durante um período de mais de três séculos. Como podemos explicar isso?

Uma resposta é que sua natureza vaga ajudou-o a sobreviver. Mudou freqüentemente de cor e de forma para ajustar-se a seu ambiente, mas ainda permanece identificável. Foi usado por muitos pretensos adeptos para fazer toda espécie de afirmações extravagantes sem qualquer perigo de serem contraditados, pois até hoje ninguém esteve em posição de dizer qual é o "verdadeiro" Rosacrucianismo. Nunca teve falta de discípulos, pois os seres humanos gostam de mistério e a Rosa-Cruz é um mistério por excelência.

Tendo traçado a história do movimento ròsacrucianista através de suas numerosas manifestações até os dias presentes, é natural perguntar que lições essa história tem a oferecer. Algo que nos ensina é que uma idéia nebulosa pode ser uma coisa de poder, se envolta em mistério e ao mesmo tempo apresentada sob a forma de simbolismo simples, mas sugestivo. Mostra-nos também que uma idéia assim pode levar-nos a becos sem saída, tanto quanto a avenidas de luz. Embora o movimento tenha incluído muitas figuras duvidosas, inspirou também pessoas genuinamente ansiosas por fazer surgir uma "Nova Aurora". E certamente teve efeito enriquecedor sobre arte e literatura. No balanço, poderíamos dizer que o mundo teria sido mais pobre sem ele.

Quanto aos falsos adeptos que muitas vezes se intitularam rosacrucianistas, devemos lembrar que nem sempre é fácil distinguir entre o impostor e o verdadeiro sábio – de fato muitas vezes uma pessoa pode ser ambas as coisas ao mesmo tempo. Esta verdade é ilustrada em alguns dos romances e histórias ocultistas do escritor alemão Gustav Meyrink (1868-1932), que tinha interesse mais do que acadêmico pelo esotérico. Foi membro da loja oculta da Estrela Azul em Praga, a qual se filiou a um grupo que cercava um velho tecelão que se supunha ter recebido iniciação rosacrucianista. Em um conto intitulado *Meister Leonhard* (publicado em 1916), Meyrink descreve um médico charlatão e fazedor de milagres chamado Schrepfer. Pode ter sido mais do que coincidência o fato de haver escolhido o mesmo nome do propagandista maçônico do século XVIII de caráter duvidoso, que mencionei no Capítulo Oito. Seja como for, o Schrepfer de Meyrink é descrito como um indivíduo curiosamente contraditório:

> O Doutor Schrepfer comia fogo, engolia espadas, transformava água em vinho, enfiava punhais nas bochechas e na língua sem derramar sangue, curava pessoas possessas, afastava males com encantamentos, invocava espíritos, enfeitiçava homens e gado.
>
> Todos os dias Leonhard percebia que o homem era um em-

busteiro, que não sabia ler, nem escrever, mas apesar disso realizava maravilhas...

Tudo quanto o velhaco dizia e fazia tinha um aspecto duplo: enganava homens e ao mesmo tempo os ajudava; mentia e suas palavras ocultavam a mais alta verdade; dizia a verdade e a mentira introduzia-se escarnecedoramente. Fantasiava cuidadosamente e suas palavras tornavam-se verdade.

Nessa descrição, Meyrink transmite o paradoxal fato de que conhecimento oculto é muitas vezes transmitido através de canais aparentemente desacreditados. Um homem pode ser ao mesmo tempo um charlatão barato e um transmissor da maior sabedoria. De fato, é difícil pensar em um grande mestre místico dos tempos recentes que não tenha tido um elemento do embusteiro e ou *showman*. Isto se aplica a figuras recentes, como Levi, Crowley e Gurdjieff. Em lugar nenhum essa verdade é mais aparente do que na história do movimento rosacrucianista.

Creio que a maneira mais frutífera de encarar o Rosacrucianismo não é como uma doutrina ou autoridade específica transmitida através de uma sucessão de grupos, mas antes como o meio que certos indivíduos escolheram para expressar uma busca interior. Cada um daqueles que buscam a verdade precisa escolher a simbologia que melhor se harmonize com sua busca particular. O ciclo do Graal é um exemplo de tal simbologia. O Rosacrucianismo é outro. De tempos em tempos, pessoas que se sentiam atraídas para este simbolismo reuniram-se com grau variado de formalidade. Mas a busca propriamente dita tem natureza indefinível demais para ceder à análise.

Esses grupos de pessoas que buscam são como a "Liga" descrita por Herman Hesse em *Viagem ao Leste* (*Die Morgenlandfahrt*). Nessa poderosa novela, o narrador de Hess descreve seu envolvimento com um grupo de viajantes, cada um deles empenhado em realizar algum sonho pessoal em sua viagem. Posteriormente, os chefes da Liga dão ao narrador permissão para ter acesso a todos os arquivos secretos do grupo, para que ele possa escrever um relato sobre a fraternidade. Mas assim que começa a olhar os arquivos, ele se vê diante de uma impressionante coleção de documentos, enchendo sala após sala e muitas vezes escritos em línguas estrangeiras que não consegue entender. Logo percebe, com um sentimento de humilhação, que a tarefa está além de sua capacidade e amaldiçoa sua presunção ao pensar que era possível tal empreendimento. Talvez seja igualmente presunçoso tentar escrever uma história do movimento rosacrucianista e, se eu persisti onde o herói de Hesse desistiu, foi na esperança de acrescentar uma réstia de luz a um assunto obscuro.

Apêndice

A Rosa-Cruz do Grau Heredom

O Décimo-Oitavo Grau do Antigo e Aceito Rito (Escocês) da Maçonaria Livre, conhecido como Rosa-Cruz de Heredom, parece ter começado a ser usado em fins do século XVIII e representa uma interessante adaptação maçônica dos motivos rosacrucianistas. Pormenores a respeito podem ser encontrados em vários manuais maçônicos. Cito aqui *The Text Book of Advanced Freemasonry*, publicado anonimamente em 1873.

> Este Grau é filosófico, sendo sua finalidade libertar a mente dos obstáculos que prejudicam o progresso em direção à perfeição e elevá-la à contemplação da verdade inimitável e ao conhecimento do objeto divino e espiritual...
>
> Os emblemas deste Grau são a Águia e o Pelicano, a Cruz e a Rosa. A Águia é símbolo de Cristo em seu caráter divino... O Pelicano é emblema de nosso Salvador derramando seu sangue pela salvação da espécie humana.
>
> A Cruz, como para os egípcios, é símbolo de vida eterna, mas desde o tempo de nosso Salvador foi adotada por todos os cristãos como emblema d'Aquele que morreu pela redenção da raça humana.
>
> A Rosa é figurativamente Cristo, daí ser chamada a "Rosa de

Sarom". Ragon diz que a Cruz era no Egito emblema de imortalidade e a rosa, de segredo; a rosa seguida pela cruz era o modo mais simples de escrever "o segredo da imortalidade"...

Como no caso de outras ordens que encontramos, o Cavaleiro da Rosa-Cruz escolhe um nome em uma lista aprovada de características, tornando-se, por exemplo, "Eques a Honestate" (Cavaleiro da Honestidade), "Eques a Sinceritate" (Sinceridade) ou "Eques a Hilaritate" (Jovialidade).

O livro prossegue descrevendo o arranjo da câmara para o grau da Rosa-Cruz, da seguinte maneira:

> Este Grau exige Três Câmaras e, se possível, uma Sala Externa ou de Preparação para a recepção dos Candidatos, onde os Graus precedentes até o 17º inclusive são conferidos pelo nome, a menos que o mesmo seja feito por extenso. A seguinte é chamada "Sala Negra"; esta deve ser decorada de preto, o piso coberto por um oleado representando um pavimento de mosaico em quadrados ou losangos pretos e brancos, no Leste duas cortinas pretas arrumadas de modo a serem separadas inteiramente e suficientemente abertas para mostrar o Altar, que deve ser elevado, e sobre ele três degraus cobertos de preto com debrum branco, no qual são trabalhadas Espadas prateadas ou brancas. Atrás e acima do degrau mais alto, um Transparente, no qual aparecem três Cruzes; na Cruz Central ou Mais Alta deve estar a Rosa Mística (Preta), colocada sobre o centro da Cruz e cercada por uma Coroa de Espinhos; as outras duas cruzes devem ter ao pé um Crânio e Tíbias. Por trás das Cortinas e ao pé do Altar deve haver uma Mesa Triangular, coberta de pano preto, com franja branca nas beiradas, sobre a qual devem ser colocados Três Velas, uma Bíblia, Compasso e Triângulo. Ao lado do Altar deve haver um Sofá para o M.S.S. recostar-se. Sobre o Altar, em frente do Transparente, aos pés da Cruz, deve ser colocada uma Rosa feita de Crepe Preto. No centro da sala deve estar a Prancha de Desenho e no piso uma pintura de sete círculos em branco sobre fundo preto, com uma Rosa no centro. No Norte, Sul e Oeste deve haver Três Pilares, de seis pés de altura, nos Capitéis dos quais deve estar inscrito "Fé, Esperança e Caridade" ou então suas iniciais "F. E. C.", pintadas em pequenas latas ou cartões e suspensas de

cada Pilar por um Gancho. Cada Coluna deve ser encimada por Onze Luzes, dispostas em uma caixa tendo onze furos, e as letras "F. E. C.", respectivamente no centro. Se for suficientemente grande, a Sala Negra pode ser dividida em duas por uma cortina preta atrás do Altar; de qualquer modo deve haver uma passagem dali para a Sala Vermelha, de acordo com a posição dos Aposentos. A Sala Negra deve abrir-se para a Câmara da Morte e daí para a Sala Vermelha, mas se isso não puder ser feito, o Candidato, após ter sua admissão recusada na segunda parte da Cerimônia, deve ser mandado para a Sala de Recepção e a Sala Negra deve ser transformada em Câmara da Morte. A Câmara da Morte deve ter os emblemas de mortalidade espalhados e vários obstáculos colocados de modo que o Candidato possa ter alguma dificuldade para abrir caminho tateando até a Cortina Preta, por trás da qual uma Lâmpada de Espíritos de Vinho e Sal deve ser colocada; o pavio da Lâmpada deve ser borrifado com Sal e duas ou três pessoas envoltas em lençóis devem estar agrupadas ao redor dela como Cadáveres; a Câmara da Morte deve ser iluminada por Transparentes, representando Crânios, Tíbias etc., ou por sete tochas fixadas em Crânios e Tíbias. A Terceira Sala ou Sala Vermelha deve ser brilhantemente iluminada e todos os irmãos em seus costumes mais altos enfileiram-se sob suas Bandeiras, sendo a sala decorada de vermelho; no centro da Prancha de Desenho, a representação da Misteriosa Escada de Sete Degraus; sobre o Altar devem estar Sete Degraus e Trinta e Três Luzes, atrás de um Transparente, representando a Resplandecente Estrela de Sete Pontas; no centro, a letra G. No degrau de cima do Altar deve estar a Pedra Cúbica, tendo à frente uma Rosa Vermelha aberta, com a letra G no centro. O Altar deve ser profusamente decorado com Rosas e perfumado com Atas de Rosas. Nenhuma Cruz deve aparecer nesta parte do Grau, mas a PALAVRA, quando encontrada, deve ser suspensa por um Fio de Seda, estendido de um lado para outro, por pequenos ganchos atrás de cada letra e em volta da pedra cúbica, de onde podem ser facilmente removidas antes de ser queimada a PALAVRA. A última parte da Cerimônia é feita na Sala Vermelha, arrumada como acima, exceto que a Escada é removida e um Pedestal coberto com pano branco colocado na extremidade Leste da Prancha de Desenho, sobre o qual são postos uma Salva de Biscoitos ou Bolos da Paixão, uma taça de cada lado, contendo a Mistura Amorosa, e os outros Espíritos de Vinho e Cloreto de Estrôncio, nos quais é queimada a PALAVRA, e um Saleiro com Sal. Ao ser conferido o Grau de Rosa-Cruz, os Graus são dados pelo nome do Quarto ao Décimo-Quarto inclusive, em uma Grande Loja da Perfeição. Uma Grande Loja de Príncipes de Jerusalém é então declarada aberta e o Décimo-Quinto e Décimo-Sexto Graus são conferidos por nome; a Grande Loja de Príncipes de Jerusalém é então fechada e uma Loja Geral dos Cavaleiros do Oriente e Ocidente é aberta; o Grau é dado por nome, com os Sinais, Símbolos e Palavras. A Grande Loja dos Cavaleiros do Oriente e Ocidente é então fechada e o Décimo-Oitavo Grau ou Grau da Rosa-Cruz é conferido por extenso; o longo espaço de tempo necessário é desculpa suficiente para não conferir os outros dessa maneira.

A cerimônia propriamente dita é longa e complicada demais para ser inteiramente descrita, mas, resumidamente, o candidato pede à autoridade presidente, o "Mui Sábio Soberano", admissão e é informado de que deve primeiro descobrir a "palavra perdida". Em uma busca simbólica da palavra, ele passa através da Sala Negra, onde é submetido a perigos e aflições simbólicos, destinados a fortalecer suas virtudes de Fé, Esperança e Caridade. Ao sair, é novamente interrogado pelo Mui Sábio Soberano e dá a palavra perdida, "I.N.R.I.". Estas letras são então colocadas sobre o altar e o candidato é admitido ao grau de Rosa-Cruz.

Notas

Introdução

1. *The Complete Prophecies of Nostradamus*, traduzidas, editadas e interpretadas por Henry C. Roberts, Nova York, Nostradamus Inc., 1968. O texto francês diz:

Une nouvelle secte de Philosophes,
Meprisant mort, or, honeur & richesses,
Des monts Germans seront fort limotrophes,
A les ensuyure auront appui & presses.

2. C. G. Jung, *Archetypes and the Collective Unconscious*, traduzido por R. F. C. Hull, Bollingen Series XX, Nova York, Pantheon Books, 1959, p. 363.
3. H. R. Trevor-Roper, *The Last Days of Hitler*, Londres, Macmillan, 1947, p. 23.

Capítulo 1: Antigas doutrinas redescobertas

1. G. R. S. Mead, *Thrice-Greatest Hermes*, Volume III.
2. Plotino, Ennead I, Tratado I, Seção 8.
3. Plotino, Ennead I, Tratado VI, Seção 6.

Capítulo 2: A tradição esotérica na Alemanha

1. Cito a tradução inglesa de *Parzival*, por Helen M. Mustard e Charles E. Passage, Nova York, Vintage Books, 1961.
2. *Op. cit.*, tradução inglesa, Londres, 1651.
3. *Ibid.*
4. *Paracelsus*, editado por J. Jacobi, Londres, 1951, pp. 207-208. Citação extraída de "Herbarius", *Von der Heilwirkung der Nieswurz.*
5. Will-Erich Peuckert, *Das Rosenkreuz*, Berlim, 1973.

Capítulo 3: O Círculo de Tübingen

1. *Die Fruchtbringende Gesellschaft: Quellen und Dokumente in vier Bänden*, editado por Martin Bircher, Volume I, Munique, Kösel Verlag, 1971.
2. *The Fame and Confession of the Fraternity R: C:*, editado e prefaciado por F. N. Pryce, 1923. Citação extraída das pp. 32-33, da introdução de Pryce.
3. Para obter relatos mais pormenorizados, embora um tanto controvertidos, sobre a ligação de Dee com o Rosacrucianismo, ver Frances Yates, *The Rosicrucian Enlightenment*, Londres, 1972.

Capítulo 4: As conseqüências dos Manifestos

1. Scottish Record Office, referência GD 242/212. A existência deste documento foi bondosamente trazida a meu conhecimento por Adam McLean, que o analisou em um artigo intitulado "A Rosicrucian Manuscript of Michael Maier", em *The Hermetic Journal*, nº 5, Outono de 1979.
2. Hans Schlick, *Das ältere Rosenkreuzertum*, Berlim, Nordland Verlag, 1942, pp. 232-6.
3. *Ibid.*, p. 189.

Capítulo 5: A Difusão do Rosacrucianismo

1. *A Christian Rosenkreutz Anthology*, editado por Paul M. Allen, Rudolf Steiner Publications, Nova York, 1968, pp. 352-3.
2. *Ibid.*, p. 354.
3. *Ibid.*, pp. 355-6.
4. Hans Schlik, *Das ältere Rosenkreuzertum*, pp. 154-6.
5. *Ibid.*, p. 143.
6. *The Diaries of Elias Ashmole*, editado por C. H. Josten, Oxford, Clarendon Press, 1962, Volume II, p. 643.
7. Desirée Hirst, *Hidden Riches*, 1964, p. 153.
8. A. E. Waite, *The Brotherhood of the Rosy Cross*, p. 345.
9. *Ibid.*

Capítulo 6: A Procura da Pedra Filosofal

1. H. Kopp, *Die Alchemie*, Heidelberg, Carl Winter, 1886, Parte II, p.20
2. *Ibid.*

Capítulo 7: A Dourada Rosa Cruz

1. C. H. Josten, *The Diaries of Elias Ashmole*, Volume I, pp. 33-34.
2. D. C. Martin, "Sir Rovert Moray", em *The Royal Society*, editado por H. Hartley, p. 246.
3. R. F. Gould, *History of Freemasonry*.
4. *Ibid.*
5. I. A. Fessler, *Rosenkreuzerey* (1805-6), um de uma série de panfletos sobre diferentes ritos, publicada privadamente por Friedrich Ludwig Schröder, proeminente maçom francês.
6. Kopp, *Die Alchemie*, Parte II, p. 40. A pessoa a quem Wöllner escreveu foi o Irmão Sacerdos, nome verdadeiro Freiherr von Schröder, outro dos numerosos Schröders ligados à Ordem.

Capítulo 8: Um Monarca Rosacrucianista

1. K. Epstein, *The Genesis of German Conservatism*, Princeton University Press, 1966.
2. Kopp, *Die Alchemie*, Parte II, p. 27.

Capítulo 9: O Renascimento na França

1. *Eliphas Lévy and the French Occult Revival*, 1972.
2. O documento foi transcrito pelo ocultista inglês Frederick Hockley e uma cópia está agora nas mãos de R. A. Gilbert, que publicou uma pequena edição fac-símile.
3. Um curioso emprego de palavras no texto sugere que foi mal traduzido do francês.
4. Oswald Wirth, *Stanislas de Guaita: Souvenirs de son Secrétaire*, Paris, 1935.
5. James Webb, *The Flight from Reason*, 1971, p. 259.
6. Esta e outras cartas de Guaita a Péladan são extraídas de *Lettres Inédites de Stanislas de Guaita au Sar Josephin Péladan*, com introdução do Dr. E. Berthelet, 1952.
7. Pierre Montloin e Jean-Pierre Bayard, *Les Rose-Croix*, Paris, 1971.

Capítulo 10: A Aurora Dourada, seus antecedentes e ramificações

1. Gerald Yorke, prefácio a *The Magicians of the Golden Dawn*, de Ellic Howe, 1972, p. ix. De fato, afirmação semelhante poderia ser feita com relação à Gold-und Rosenkreuz.
2. Howe, *The Magicians of the Golden Dawn*, capítulo 2, pp. 30-31.
3. Esta e as citações seguintes de rituais da Aurora Dourada são extraídas de Israel Regardie, *The Golden Dawn*, 3. ed. Volume II, 1970.
4. *Op. cit.*, pp. 13-14.

Capítulo 11: O Adepto Rosacrucianista como Herói e Vilão

1. *The Count de Gabalis: Being a Diverting History of the Rosicrucian Doctrine of Spirits*, Londres, 1714.
2. *The Assistant Génies, and Irrecincilable Gnomes, or Continuation to the Count de Gabalis*. Publicado originariamente em Haia, 1718. Traduzido por John Yarker, Bath, Robert H. Fryar, 1897.
3. Alexander Pope, *The Rape of the Lock and Other Poems*, editado por Geoffrey Tillotson, Methuen, 1962.
4. Para obter um exame completo e interessante das influências ocultistas sobre Goethe, ver Rolf Christian Zimmermann, *Das Weltbild des jungen Goethe*, Munique, Fink, 1969.
5. Leopold Engel, *Geschichte des Illuminaten-Ordens*, Berlim, Bermühler, 1906, p. 64.
6. J. W. von Goethe, *Gedenkausgabe*, Volume 18, Zurique, Artemis, 1951.
7. Edward Bulwer-Lytton, *Zanoni*, reimpresso por Steinerbooks, 1971.
8. A carta de Jennings e a resposta de Lytton estão entre os papéis de Lytton no Count Hall, Hertford.
9. Em certa época, Crowley tinha papel de anotações timbrado, no qual o título "M.D. Damc." aparecia depois de seu nome, uma humorística referência ao fato

de estar dito no *Fama* que Christian Rosenkreuz recebera conhecimento médico em Damcar, na Arábia.

Capítulo 12: Movimentos Rosacrucianistas Modernos

1. A. E. Waite, *The Brotherhood of the Rosy Cross*, capítulo 23.
2. *The Rose Cross Order, A Short Sketch of the History of the Rose Cross Order in America, Together With a Sketch of the Life of Dr. P. B. Randolph, the Founder of the Order*. Com introdução e notas do Dr. Swinburne Clymer, Allentown, Pensilvânia, 1916.
3. *Ibid.*
4. Paschal Beverly Randolph, *Eulis! The History of Love*, Toledo, Ohio, 1874.
5. Ellic Howe, *Urania's Children*, Londres, 1967, capítulo 6.
6. AMORC, *Rosicrucian Manual*, 11.ed., San Jose, Califórnia, 1948, p. 130.
7. Frans Wittemans, *A New and Authentic History of the Rosicrucians*, tradução inglesa, Londres, Rider, 1938, capítulo 15.
8. *Op. cit.*, p. 10.
9. R. Swinburne Clymer, *The Rosicrucian Fraternity in America*, Volume II, Quakertown, Pensilvânia, sem data, p. 408.
10. *Ibid.*, p. 375.
11. *Ibid.*, pp. 383-4.
12. *Ibid.*, p. 563.
13. *Ibid.*, p. 638.
14. Robert S. Ellwood, *Religious and Spiritual Groups in Modern America*, Englewood Cliffs, Nova Jersey, 1973, p. 112.
15. Pormenores são encontrados em *Gerald Gardner: Witch*, de J. L. Bracelin, Londres, Octagon Press, 1960.
16. Paul M. Allen, *A Christian Rosenkreutz Anthology*, p. 455.

Bibliografia Selecionada

A maioria das fontes usadas neste livro está relacionada nas notas e algumas delas são repetidas aqui. A presente é meramente uma lista sumária, pois a bibliografia do Rosacrucianismo é muito vasta e complexa. Seria particularmente impraticável tentar incluir um catálogo abrangente de todas as edições dos manifestos e relacionei aqui apenas aquelas edições que eu próprio usei. As outras obras relacionadas consistem inteiramente em literatura secundária e as edições mencionadas não são necessariamente as mais recentes. Em certos casos, acrescentei comentários críticos ou descritivos.

Bibliografias

GARDNER, F. Leigh. *A Catalogue Raisonné of Works on the Occult Sciences, Vol. U. Rosicrucian Books*. 2. ed. impressa privadamente, 1923. Na medida do possível, é uma obra de referência útil, se descontarmos certas inexatidões e omissões.

KLOSS, Georg. *Bibliographie der Freimaurerei und der mit ihr in Verbindung gesetzten geheimen Gesellschaften*. Última edição. Graz, Akademische Druck – und Verlagsanstalt, 1970. Contém uma seção sobre Rosacrucianismo.

WOLFSTIEG, August, *Bibliographie der freimaurerischen Literatur*. O vol. II desta obra (1912) contém uma seção rosacrucianista.

Edições dos manifestos

The Fame and Confession of R: C: Commonly, of the Rosie Cross With a Preface annexed thereto, and a short Declaration of their Physicall Work. Por Eugenius Philalethes (Thomas Vaughan), Londres, 1652. Um fac-símile da obra acima, juntamente com introdução, notas e uma tradução da carta de Adam Haselmayer, editada por F. N. Pryce, foi publicado privadamente pela *Societas Rosicruciana in Anglia* em 1923. A valiosa tradução de Pryce inclui uma análise comparativa pormenorizada de todas as edições anteriores do *Fama* e *Confessio*, e uma discussão sobre sua possível autoria.

The Hermetic Romance, or the Chymical Wedding, written in High Dutch by C.R., traduzido por Ezechiel Foxcroft, Londres, 1690.

Chymische Hochzeit Christian Rosenkreutz, Fama Fraternitatis, Confessio Fraternitatis. Editado por F. Maack. Berlim, 1913.

Chymische Hochzeit Christian Rosenkreutz. Com 28 desenhos de Hans Wildermann. Regensburg, Gustav Bosse Verlag, 1923.

Fama Fraternitatis, Confessio Fraternitatis, Chymische Hochzeit Christian Rosenkreutz. Anno 1459. Editado por Richard van Dülmen e com introdução do mesmo. Stuttgart, Calwer Verlag, 1973. A mais confiável edição moderna dos manifestos, com eruditas introdução e notas.

A respeito de outras obras que incluem os manifestos, ver Paul J. W. Montgomery, Frances A. Yates e A. E. Waite.

Estudos

ALLEN, Paul M., compilador e editor. *A Christian Rosenkreutz Anthology*. Blauvelt, Nova York, Rudolf Steiner Publications, 1968. Útil compêndio de Rosacrucianismo e material alquímico, incluindo a tradução de *Chemical Wedding* por Foxcroft e as versões de *Fama* e *Confessio* por Vaughan.

ARNOLD, Paul. (i) *Histoire des Rose-Croix et les Origines de la Franc-Maçonnerie*. Paris, 1955. (ii) *La Rose-Croix e ses Rapports avec la Franc-Maçonnerie*. Paris, 1970.

BEYER, Bernhard. *Das Lehrsystem des Ordens der Gold-und Rosenkreutzer*. Leipzig, 1925.

FRICK, Karl R. H. (i) *Die Erleuchteten*. Graz, Akademische Druck- und Verlagsanstalt, 1973. (ii) *Licht und Finsternis*. Parte I, *Ibid.*, 1975. (iii) *Licht und Finsternis*. Parte II, *Ibid.*, 1978. Estes volumes fazem parte de um monumental estudo dos grupos gnósticos, cabalísticos, herméticos e rosacrucianistas, assim como de outros elementos ocultistas na tradição ocidental, desde a antigüidade até o século XX.

GRASI, Hans. *Aufbrush zur Romantik: Bayerns Beitrag zur deutschen Geistesgeschichte 1765-1785*. Munique, C. H. Beck'sche Verlagsbuchhandlung, 1968. Contém muita informação sobre as atividades da Gold-und Rosenkreuz na Bavária.

JENNINGS, Hargrave. *The Rosicrucians, their Rites and Mysteries*. Edição revisada. Londres, Chatto, 1879.

KIENAST, Richard. *Johann Valentin Andreae und die vier echten Rosenkreutzer-Schriften*. Leipzig, Mayer and Müller, 1926.

MONTGOMERY, J. W. *Cross and Crucible: J. V. Andreae (1586–1654), Phoenix of the Theologians:* Vol. I; *Andreae Life, World-view, etc:* Vol. II. *Chemical Wedding*, com notas e comentário. Haia, Martinus Nijhoff, 1973.

PEUCKERT, Will-Erich. *Das Rosenkreuz*. Berlim, Erich Schmidt Verlag, 1973. Fascinante e erudito trabalho que coloca o Rosacrucianismo na perspectiva da tradição pansófica.

SCHICK, Hans. *Das ältere Rosenkreuzertum. Ein Beitrag zur Entstehungs-geschichte der Freimaurerei*. Berlim, Nordland Verlag, 1942. Escrito "por encomenda das Reichsfürer-SS, com o emprego de documentos confiscados pela polícia de segurança, este livro, apesar de sua procedência, é um dos melhores estudos do Rosacrucianismo inicial.

VULLIAUD, Paul. *Les Rose-Croix lyonnais aux XVIIIème siècle*. Paris, Nourry, 1929.

WAITE, A. E. (i) *The Real History of the Rosicrucians*. Londres, 1887. Um estudo sumário, mas útil por causa da inclusão do *Fama*, do *Confessio* e de uma versão abreviada do *Chemical Wedding*. (ii) *The Brotherhood of the Rosy Cross*. Londres, Rider, 1924. De escopo mais amplo e muito mais pormenorizado do que (i), mas sem os manifestos, esta é a única história abrangente anterior do movimento rosacrucianista em inglês. Embora estudo valioso, grande parte dele foi superado por pesquisa subseqüente.

WITTEMANS, Frans. *A New and Authentic History of the Rosicrucians*. Tradução inglesa por Durvad (F. G. Davis). Londres, Rider, 1938. A inexatidão deste livro pode ser julgada pela descrição que o autor faz de Aleister Crowley como "poeta e ocultista irlandês", que formou em Londres "um grupo rosacrucianista chamado *The Equinox*".

YATES, Frances A. *The Rosicrucian Enlightenment.* Londres, Routledge and Kegan Paul, 1972. Contém as versões do *Fama* e *Confessio* por Thomas Vaughan.

ZIMMERMAN, Rolf Christian. *Das Weltbild des Jungen Goethe: Studien zur hermetischen Tradition des deutschen 18ten Jarhhunderts.* Munique, Wilhelm Fink Verlag, 1969. Este interessante estudo das influências herméticas sobre Goethe inclui uma seção sobre a ordem da Gold-und Rosenkreuz.

Impressão e acabamento:

RENOVA GRAF

www.renovagraf.com.br

(11)2667-0011